请商榷批评！

[illegible]

2017.8.10

上市那些事

与公司上市和
上市公司有关

公司上市过程中的故事流传
上市公司运行中的警示经典

投行小兵 著

法律出版社
LAW PRESS·CHINA

目 录

CATALOG

自序

做任何事皆有目的，写东西也不例外，若非要为这本书的初衷找一个词，只能是好玩。写这些东西，只为好玩，没有其他。

作为一名普通的资本市场从业者，小兵工作的很大一部分内容就是跟这些故事打交道，一个两个，十个八个……这些故事，有的传奇，有的警示，有的励志，有的诡异，不论属于哪一种，这些故事都很特别。

有人喜欢喝酒，有人喜欢唱歌，有人喜欢狂欢，有人喜欢沉默，小兵爱好之一就是写作。故事看多了，骨子里的写作基因就开始泛滥，想着这些故事可以用自己的思维和方式写下来，自娱自乐。

后来出版社的朋友说，这些故事可以集结成册。我说，这些东西没有技术含量，也不能为大家的工作带来启示和帮助，能有什么意义？他们说能逗大家高兴就足够，就像相声小品或者喜剧电影那样；如果最后读完书还能给大家一点点的提醒或者震撼，那就算是赚的。

这个理由说服了我。花500块钱买一张相声大师的演出票就是图个乐子,花50块钱买一本小兵的书也是图个乐子,效果是一样的。只要是大家没有白花冤枉钱小兵心里也就坦然了,更何况书读完觉得实在不咋的至少还可以去糊墙。

至于这些故事的出处和处理,诸位可能都比较关注,也是小兵最想说明的一个问题。

这些五花八门的故事肯定不全是小兵杜撰出来的。如果以电影剧本的标准衡量,每个故事都是一个精彩绝伦的剧本,一个编剧一辈子能想出这么多构思就牛X大了,小兵既不是编剧也不牛X,所以没那个本事。

这些故事大部分还是有原型或者出处的,不论是道听途说、花边小报还是新闻报道、真实案例,不过肯定又都是源于生活而高于生活的。说的再具体一点,就是用张家的棉袄、李家的棉裤、宋家的袜子和陈家的皮帽凑成了一个故事,这样诸位也就不会奇怪了,一个故事第一段好像是在说A公司的事情,第二段又觉得是B公司的故事,第三段好像又在说C公司的事情。

这是哪种修辞哪般手段,小兵一概不懂,只是觉得这样处理有好处:其一,可以将很多故事的最精彩的元素集中到一个故事里,这样故事更紧凑过瘾些。其二,避免了对号入座的风险,小兵不希望因为一些纯粹逗乐的东西而给任何人带来不好的困扰,胡乱搭配一下没有了明确目标,大家不好猜也希望别再去猜。

感谢法律出版社的薛晗以及其他工作人员,他们将小兵的一些破布头鼓捣出来一件还算说得过去的衣裳,劳苦功高。

感谢媳妇的付出,她不仅仅是承担家务牺牲逛街时间,更重要的是感谢她即将为小兵带来一个宝贝,这本书一定会赶在这个小家伙出生之前出版,算是老爹送给他的礼物。

感谢每一位关注小兵博客和微博的人,你们的任何建议或者鞭策都让小兵颇为受用，在孜孜追求的道路上更加有动力也更加快乐。

至于那些打油诗，就算是小兵胡乱凑个热闹吧，实在是有些不好意思，还望多多包涵。看相声有返场演出，这些打油诗就算是小兵为大家另外的奉献吧。

是为序。

投行小兵
2012 年 9 月

关于公司上市，是一段经历

更是一段传奇……

第一回:笑里藏刀

曾是同窗十年好,因利反目不相饶
上会前夜遭举报,缘知笑里亦藏刀

这是一个在资本市场界广为流传的故事,虽然现在已经无法考证其真正的根源,却是在口口相传中成为经典,越来越具有警示意义。在商业范畴中做事一定要遵守其固有的规则,不能总是讲兄弟情分哥们儿义气。我们不能过于自信情谊对你的忠诚,更不能忽略金钱利益对所谓情谊的冲击和破坏,在真正赤裸裸的利益面前,除利益之外的任何东西都有可能瞬间土崩瓦解,空留悔恨。中国很多企业不是夫妻店就是兄弟公司,中国人讲义气但是经营企业还是那句老话:亲兄弟,明算账,并且算得越明白越好。

——题记

【五年磨砺　志在必得】

既然故事纯属虚构,那么故事的主人公就依照百家姓来安排座次吧,省心省力,好写好记。

既然是资本市场里的故事,那么故事里面重要的人物除了自然人应该还有法人(主要就是上市公司或者准备上市的公司),公司就依照英文字母表来安排顺序吧,更加省心省力,更加好写好记。

赵钱孙李,周吴郑王……故事的第一位主人公我们就叫他赵总吧。

ABCDEFG……赵总就是上市公司 A 公司的创始人和董事长。

人物已经交代清楚,故事也就可以开始了,今天要讲的是 A 公司在登陆资本市场的过程中发生的一个不大不小的插曲。

赵总刚坐在飞往北京航班的头等舱里,瞌睡虫立马就劈头盖脸地袭击了他。刚刚接受了券商魔鬼式训练的赵总实在是有些疲惫了,虽然做企业本身就已经是一件很辛苦的事情,但是直到现在他才真正感受到中国企业尤其是民营企业,要想登陆资本市场那是更加辛苦和不容易。

从真正下定企业要上市的决心到现在的临门一脚最后一关,时间已经整整过了五年。在这五年的时间里,与以前最大的不同就在于,赵总除了要完成公司正常经营计划外,还要完成繁重的课外作业,这里面包括中介机构无休无止扒祖坟似的尽职调查,也包括主管部门幽灵一般定期不定期的视察和指导。

赵总多次提出抗议,认为工作任务繁重需要减压,每一次都被中介机构严词拒绝。想不想上市? 想,就得坚持下去,就跟老师一次次教育学生一样:想不想上大学? 想,就得刻苦学习。

痛苦,已经接近崩溃的边缘。不过,值得庆幸的是,三天之后,赵总的企业,确切地说,应该是他的孩子,就要接受企业上市的审核了。

这对于任何一个企业家来说,都是一个值得好好纪念的时刻。毕竟一家普通企业的董事长和一家上市公司的董事长,就连菜市场的老大妈都知道区别在哪里,因为胳膊上的布兜里装着半斤黄瓜和两个茄子的大妈说不定就是老股民,不论是被套割肉还是获利清仓,她都知道只有企业上市才有股票公开发行。

赵总对这次上市那是非常有信心的,甚至就是出战必捷。不管是从券商给他准备的200多个问题的回答情况来看还是从内部打听到的小道消息来看,各个层面的信息反馈都在验证着自己的这种判断。可是就在这势如破竹的大好局势下,赵总隐隐约约总觉得心里还有一个疙瘩没有解开,具体是什么又一时想不起来,只是直觉告诉自己不会平静。

【上会前夜　突遭举报】

北京的四月是一年中难得的好季节,舒适宜人的好气候就好像是从漫长恼人的酷暑和严冬之中费了老大劲偷出来的一样。

赵总下飞机之后深深地呼吸了一口新鲜的空气:北京,我来了。

赵总到了北京就开始了一波接一波的忙碌和应酬,倒不是他在北京的业务真的有多忙,实在是他内心深处总有些焦躁不安,就想跟人聊聊天,取取经,至少可以让自己暂时忘掉企业上市马上要接受审核这件事情。

赵总还听说了一个故事。一位老总在接受审核的前一天晚上实在是睡不着,就跟自己的团队跑到钱柜唱了一宿的卡拉OK,专逮寓意好的歌来唱,必须是顺利发财之类的,别说还真给第二天带来了好运气。

赵总回到酒店的时候已经是凌晨一点多了,再兴奋再不安也挡不住疲劳的造访,赵总躺在床上不一会儿就迷迷糊糊睡着了。

可是还没等把瞌睡虫真真正正安顿好,赵总的手机就响了,一看是券商项目负责人的电话这气就不打一处来。还让不让人活了,这些天来白天晚上连轴转可是把赵总折腾得够呛,到了现在也不让人消停。可是又没有办法,现在又必须得听人家的,毕竟他们是上市总指挥,老师的话难道不听,那你还想不想上大学了?

赵总刚接通电话,那头的声音好像已经憋坏了似的一下子就冲了过来。还没等赵总打个招呼,那边就跟大火上了老房子似的开了腔:赵总,不好了,你快点上网看看吧,我们被举报了。

举报?赵总当然知道举报是怎么回事,也知道它的威力对于企业上市来说有时候就是毁灭性的,这可是企业上市要知道的最基本的内容,就好像你要写好文章先要学习好26个字母一样。可是赵总思前想后就是没想明白谁会举报,自己对员工视同父子,与客户亲如兄弟,没包过二奶背叛家庭,也没违法违规得罪政府,实在是找不到一个仇人会跟自己过不去。

赵总想着想着突然心里一紧,难道就是心里那个迟迟没有找到思路的疙瘩开始作怪了?

宁可信其有,不可信其无。虽然赵总觉得券商有点大惊小怪了,但是他还是以最快的速度从网上搜索到了消息。

券商有时候就喜欢大惊小怪。

其实,根本就不用怎么费力搜索,赵总只要输入自己企业的名字,搜索引擎排在前几位的文章都当仁不让地并且是完全免费地给了自己的企业。看来这举报的架势还非常凶猛,并且是有理有据有料。

赵总根本不用看新闻的具体内容,就知道是怎么回事了,虽然是匿名举报,赵总用脚丫子头发丝算算都能知道这个人是谁。

李明,你他妈的狼心狗肺,你这是要玩死我啊。赵总禁不住在心里狠狠地骂了一句。

【兄弟反目　往事尘封】

李明,赵总的大学同学,曾经是A公司的第三把手,专门负责资本运营和企业上市。大学的时候李明跟赵总在同一个宿舍里住上下铺,那关系铁的没话说,恨不得长一个脑袋穿一条裤子。毕业的时候,赵总选择了自己创业而李明则选择了去美国深造,据说后来专门做资本市场的运作,做得风风火火,不过后来两个人的联系就随着时间的推移逐渐淡化。

五年前,也就是赵总有了做上市念头的时候,突然接到了李明的电话。李明说自己打算回国内发展了,问问赵总有没有好的机会推荐一下。

赵总接到多年未联系的老同学铁哥们的电话非常高兴,想到自己的公司运作上市正需要专业人士的帮助,于是连想都没想就说你来我的公司帮我一起做上市吧。李明倒也没有推辞,立马就答应了,赵总把这个当作是他们多年同学情分的一种默契。

巧合？默契？阴谋？鬼才知道。

为了表示对老同学的欢迎和对人才的重视,赵总给了李明100万股股份,持股价格就按每股一块钱计算,并且股权转让的资金也由赵总代李明来出,也就是相当于赵总白送给李明100万股股份。

当然赵总也并不是很傻、很天真,他在这个“吃了大亏”的协议上还是添加了一个条件,那就是如果李明在合同期限内离开公司,李明需要将股份无偿地还给赵总。

A公司的上市工作在有条不紊地进行,李明也施展平生所学,充分利用自己的专业优势帮了赵总很多的忙,这让赵总很欣慰,并且感叹:什么是朋友,朋友就是一百年不见,你掉进了河里他也想着要去救你。但是,就在三年之后也就是离A公司提交上市申请不到一年时间的时候,李明突然之间提出了要离开。赵总百思不得其解,只能追问当事人原因,李明有些闪烁其词,只是说家在美国,老婆身体不好孩子又要上学……

天要下雨，娘要嫁人，你要走我又如何留，更何况人家老婆孩子有事。赵总想，你想走就走吧，当然，你走可以，当初的约定我们也要履行，我曾经送给你的股份得还给我。

李明满口答应，说这是应该的，毕竟商业社会的基本原则就是规则大于天，不得有半点马虎。

发达国家来的人法制观念就是强。

不过，非常不凑巧的是，就当赵总与李明商量签署股权转让协议时，李明却已经远在美国。

李明说就随便找个人代签一下吧，赵总觉得也没什么问题，毕竟大家多年的交情在那里摆着呢。于是，赵总找了个证券部的小姑娘在玻璃上将李明的签字临摹了一遍。

法制观念强不强那还要看朋友交情深不深，发达国家也不例外。

因为企业上市之路已经走向正轨，李明的离开并没有对A公司产生多少不利的影响，赵总还会时常打电话给李明，关注下他的近况。李明说一切都好。

到了上市的最后冲刺阶段，中介机构狂轰滥炸的密集程度和激烈程度已经远远超出了赵总的想象，所以在那段时间赵总就淡忘了李明以及曾经发生的事情。

想不到，曾经的旧账成了现在算不清楚的糊涂账。

李明举报的内容很简单，就说赵总利用隐瞒事实甚至胁迫的手段将自己持有的100万股股份做了转让，而自己本人毫不知情。李明的理由很简单也很充分：作为一名长期从事资本市场运作的从业人员，自然知道一家企业的上市对于股份的增值效应，因而绝对不会在上市的紧要关头自愿无偿转让持有的股份；最关键也更要命的是，股权转让协议也并非其本人的亲笔签名。

在一个法治社会，任何利益分配以及由此导致的纠纷都是要靠证据来说话的，虽然我们时常感觉在我们周围很多东西都可以代替法律，但是当有人真要拿法律来做文章的时候，还就真没有什么东西可以代替法律。

【危机公关　接近圆满】

这样的举报让重情重义又不懂江湖险恶的赵总异常被动，券商作为上市总指挥立即展开了全方位的危机公关。第一步，动用各种关系找到网站的编辑或者网管，报道该删的删该封的封；第二步，找几个记者写几篇文章，一把鼻涕一把泪地哭诉赵总创业的艰辛和心地的善良；第三步，积极向监管部门解释，说这样的事情就是一个误会，不会影响企业上市的条件。

当然，解铃还需系铃人。赵总第一时间与李明取得了联系。骂娘已经没有任何意义了，就算骂他八辈祖宗也不会有人帮你解决问题，赵总也知道现在自己的首要任务是要为曾经的草率而埋单，赶紧搞定这颗定时炸弹。

李明开口就要两千万，并且说这样的价格根据中国新股市场的发行市盈率来看并不高。如果两个人不是通过长长的电话线联系而是面对面交涉的话，赵总真想一把掐死他这个曾经睡在上铺的兄弟。最后经过讨价还价，两人以八百万成交，其实双方交易的无非就是两个人睡在上下铺的多年的情谊。

李明还是有职业道德的，拿到钱了立马从遥远的美国给赵总快递过来一份情况说明及承诺书，当然这次的签名肯定是真的。危机公关全面而及时，更关键的是赵总刮骨疗伤自己的事情自己办，没有给企业带来太多的麻烦，A 公司还是顺利上市了。

赵总事后回头看看这件事情，心头颇多感慨。本来是很简单的一件事情，最后竟然搞得这样惊心动魄，自己搞企业已经搞了十多年，久经沙场，但是在资本市场面前自己的确幼稚且愚昧得很啊。

第二回：卸磨杀驴

创业始兄弟倾力，羽翼丰卸磨杀驴

上市之日成被告，买卖不成情义稀

一直都说商场如战场，既然是战场那就必须是你死我活的厮杀和拼斗，这无可厚非。对于任何一个伟大的企业来说，其每一次成长都是建立在占有别人的地盘甚至打倒一批企业的基础上的，企业都应该有这样的商业意识。不过，对于正在操作上市的企业来说，我们又一直告诉他们不要做得太绝，在规模扩张或者上下游延伸的时候要合理平衡各方利益，不然就有可能出现对自己不利的事情。此为悖论，不是吗？

——题记

庆功宴上。

钱总端起满满一杯红酒一饮而尽，旁边的秘书吓得脸都变了颜色，作为典型的学院派老总，钱总从来是滴酒不沾，今天这反差也太大了吧？

已经整整第八杯了，钱总身后留给大家的，是两个已经完全空了的红酒瓶和一个即将空的红酒瓶。

话又说回来了，对于一个企业来说，能够闯过七十二险和八十一难最终成功登陆资本市场，的确是用怎样的方式去庆贺都不算过分。

干杯！喝吧，能喝多少算多少。

用乐极生悲来形容或许有些言过其实，欢乐氛围依旧在发酵，可闹心的事情也不请自来。让钱总没有想到的是，喜庆的气氛仍在，却有一个不好的消息成为这一刻最不和谐的音符，而带来这个坏消息的竟然是自己曾经的好兄弟。

是的，好兄弟。

【上市之时　突成被告】

第二天早上一上班，钱总就看到秘书已经帮他将那尊威猛的公牛摆放在办公桌上了，那是交易所赠送的上市纪念。钱总一看到这个，心里又是一阵抑制不住的兴奋。

兴奋，抵挡不住的兴奋！

就在这个时候，董事会秘书陈杰有些不合时宜地冲进了钱总的办公室，甚至忘了敲门，这让钱总有些不爽同时有些吃惊。陈杰可是自己从一家上市公司辛苦挖来的人才，平时处事冷静礼节周到，今天怎么如此失态？

陈杰也管不了什么礼节失态了，还没等钱总问，陈杰倒是自己瞬间进入了工作汇报状态："钱总，我们被人家给告了，就是金叶贸易公司，我们的金牌代理商。他们已经把材料送到区里的法院了，记者手里都有新闻稿了，就是他们打电话来告诉我消息的。”

原来如此，该来的还是来了。

钱总知道这件事情始终就是自己背后的一支冷箭、一杆黑枪，不知道什么时候就会给自己来上一下子，但是没想到麻烦来得如此迅速且如此猛烈。

大哥多年在江湖上混，见过的大风大浪多了去了，钱总的修炼显然比陈杰还要深厚很多，平静地问：“他们凭什么告我们？”

老大和小弟的根本区别，不在于会不会算账也不在于会不会营销，更在于口才绝佳气质高贵，就在于那一瞬间的淡定和从容。一瞬间或许就是转瞬即逝的光景，这对于一个领导的判断已经足够。

坐下来喝了一杯茶的陈杰也恢复了一如既往的干练：“说我们在募集资金投资方面虚假信息披露。”

钱总笑了一下：“我心里比他们自己还清楚他们的理由和小算盘，简直就是无理取闹，让他们告去吧！”

陈杰接着问：“那记者那边呢？”

钱总还是笑：“随他去吧。”

陈杰还想说什么，或许是想再表达一下自己对这个问题不同的看法，转念一想老大的决定至今还没有人改变过，也就作罢。

作为小弟，如果改变不了老大，那就只能追随老大赴汤蹈火了。

新闻报道如期登出并且被疯狂转载，毕竟“兄弟反目”、“代理商状告老东家”的噱头实在是很吸引眼球。尽管如此，钱总依旧没有慌了手脚，因为在虚假披露的违规责任以及过河拆桥卸磨杀驴的道义批判面前，自己坚信能够掌控得住局面并坚持到最后的胜利。

【创业之初　鼎力相助】

故事的缘由，还要追溯到钱总创业的当初……

钱总起初创立 B 公司的时候，那是白手起家从零做起，要多困难就有多困难。根据最基本的市场逻辑，企业要发展就必须要将产品卖出去，因为只有产品卖出去才能挣到钱，才能够买设备搞研发挖人才扩规模……

就在 B 公司最需要依靠营销渠道打开局面的时候，金叶公司作为最重要的代理商和合作伙伴的确是为 B 公司的发展立下了汗马功劳。B 公司靠着金叶公司丰富的销售网络实现了销售金额的迅速提升和品牌效应的广泛传播，当然金叶公司也靠着低进高出不菲的差价得到了高额的利润。

这样说来，金叶公司那就是 B 公司的开国元勋和高泽恩人。如果故事就此打住，这就是一个皆大欢喜的双赢格局。

既是双赢，那就让我们目标一致坚定不移地将双赢进行到底。B 公司和金叶公司的关系越来越紧密，钱总和金叶公司老板陈强的关系也超越了商业合作伙伴成为好兄弟。

在商言商，终究还是要回到那句话，在赤裸裸的利益面前什么都有可能失去了效用。商场就是战场，战场可以让兄弟变成对手甚至是拿着砍刀互砍、拿着机枪互扫的敌人。

【羽翼渐丰　过河拆桥】

随着 B 公司羽翼渐丰，金叶公司逐渐感受到了这棵逐渐强大起来的大树带给自己不再是好乘凉的实惠而是过河拆桥的威胁。B 公司开始逐渐设立由自己全权控制的直营店，由于没有中间环节的费用和代理公司赚取的中间差价，价格优势自然是相当明显，这显然对金叶公司的利益产生了重大的损害。

过河拆桥总得给个理由，卸磨杀驴也必须要有个交代。陈强多次去找钱总，开始是协商后来是交涉，再到最后那就是直接摊牌。这桥怎么拆,这驴怎么宰,你给个痛快话。

B公司自然解释这只是自己的一种营销方式不会对金叶公司产生实质性的影响并且承诺在出厂价方面再给予一些优惠。金叶公司想想毕竟双方合作多年不要为此结下梁子,更何况B公司零星的直营店并不会对自己经过多年经营已经稳固的地盘及利益产生致命的影响。金叶公司然后默念N遍“退一步海阔天空”之后,大喊一声:“我撤!”

想象着敌人的仁慈,就是对自己最大的残忍。B公司的野心显然不是金叶公司想象的那样,随着B公司上市材料在网上公布,这个野心也就昭告天下了。B公司全面铺开了自己的直营店计划,且这一战略的目的非常明确就是要把自己曾经的合作伙伴代理商给消灭掉。给这个战略最好的注脚就是:B公司的直营店要不开在代理商门店的对面就是隔壁,而价格上的绝对优势无疑会让代理商死得很惨。

一家价格比你更低且款式更新更快的卖同样产品的商店就开在你的对面,你还不立即死掉,除非你爹是上帝,把消费者都变成疯子。

别看陈强是退一步海阔天空,可这哥们既没去洗海水澡也没有去钓鲨鱼。陈强对B公司的关注从未松懈且日益紧密,丝毫不亚于老婆对怀疑出轨丈夫的监视,那么B公司昭告天下的事情自然也瞒不过他一字一句。

欺人太甚!这下子陈强再也想不起什么海阔天空了,再退步就直接让对手一刀剁死喂鱼去了。

钱总也觉得借着上市融资的机会突然来这么一个杀招有些不够厚道,应该给一些补偿的措施,金叶公司自然也有这样的想法和要求,最后双方的砝码就是B公司的股权。对于一家拟上市公司来讲,股权意味着怎样的财富价值,不说大家也都知道,以股权补偿损失的方案显然金叶公司还是可以接受的。

只要能出血给钱,什么都好谈。

虽然这个方案颇有些兄弟分道扬镳以后井水不犯河水的味道，不过也算是各取所需，没什么可叹息的。遗憾的是，这个方案最后也没有成行。

不知道是金叶公司的狮子大开口激怒了一向心高气傲不喜欢别人威胁的钱总，还是钱总心里实在是不愿意做这种白白拿箱子装钱送人的行为，反正最后的结果让金叶公司有一种一直被耍的感觉。

【彻底决裂　一幕闹剧】

一不做二不休，你不仁我不义。就在 B 公司成功上市的喜悦时刻，金叶公司终于出招了，目的也只有一个：你不让我好过我也不让你好过。

我要告你。可是告状总得有理由吧，又不能把自己心里真实盘算的那点事情说出来，就只能找点上市公司最害怕的而监管层最敏感的说。

没错，这就是信息披露。我就告你一个虚假信息披露：信息披露的加盟店的数量是不对的，直营店的数量更是错误的，甚至 B 公司市场份额和销售数据都是假的。

钱总是很了解金叶公司心里是怎么想的，无非就是找个大帽子扣在自己的头上，让自己好好难受一番，另外找些记者煽风点火给自己的公司抹点黑而已。

知己知彼，百战百胜。

最后的事实证明，钱总的判断基本上还是正确的，金叶公司搞出来的惊天大案除了给记者增加了一笔稿费之外，并没有什么值得留念或者写入历史的东西。法院最后以证据不足驳回了金叶公司的诉讼，尽管如此，金叶公司要给钱总找点麻烦的目的还是达到了。总结起来，金叶公司就是自己花钱给别人寻找麻烦，典型的损人不利己。

【商业模式　一点反思】

这些天来，钱总时常被要求做深入采访的记者所打扰，而一些负面的报道还是给自己在圈里的形象带来了影响，甚至对自己在员工心目中的印象也产生了影响。

最要命的是，钱总还要把这件事情一五一十从开头到结尾不止一次地通过书面或者口头的方式说给交易所以及其他部门的人员听，就好像祥林嫂似的，一遍一遍地说，不管你信不信，最后不信都不行了。

事情最后有惊无险，但是至少让钱总明白了一些事情：其一，一个企业经营模式的变化一定要考虑到其他参与者的利益；其二，企业上市之前一定要用最周全的方式尽量将利益主体之间的权益更好地权衡。

这是一种艺术，也是一家企业上市的必备之要义。

下一步，钱总赶紧让秘书订机票飞到金叶，有些问题还是要好好商量的，毕竟业务还要继续合作，更重要的是兄弟还得做。

第三回：塞翁失马

上市本来已顺利，不料当头一晴劈
塞翁失马非福祸，失之东隅有桑榆

对于大部分企业家来说，上市那就是时不我待的事情，必须是越快越好，且是不论进程有多快都会觉得慢。对于所有的企业家来说，上市那就是不得有失的事情，如果上市失败，不仅损失了上市的时间，更重要的是损失了面子，很多人往往都不能坦然接受。不过事情总是那么玄妙，上帝有时候也相当公平，否极泰来有时候也并非就只是梦幻。当我们知道资本市场确实有这样的故事在发生的时候，或许在面对失败和不顺的时候，会更加淡定和从容一些。

——题记

塞翁失马焉知非福这回事，总是书里看过听别人说过，孙总怎么也没有想到还真能落到自己的脑袋上。

孙总现在想来，都觉得像是做梦似的，轻飘飘的至今没落地，虽然事情已经过去了很长时间。

【上市坎坷 一波三折】

孙总的企业第一次动上市的念头是在2002年，就是那个至今让很多人印象深刻甚至刻骨铭心的大熊市阶段。

2002年的深交所因为没有企业可上市而难受，而同命相连一起难受的还有现在看来因为深交所发展壮大而如鱼得水的中小企业。显然，企业要比交易所更加难受。

要想在国内从13亿人民的口袋中找点银子发展企业几乎是不可能的事情了，中小企业要上市融资怎么办，只能走出去远离中国内地。只要不是境内，哪里都行，香港、美国、新加坡，再或者韩国、日本、马来西亚……

别人走，我也走。孙总的C公司也准备走到香港去，结果还没等迈出家门，就被吓回来了。

根据监管机构的要求，C公司聘请了一波又一波的中介机构。境外的中介机构可不是那么好对付的，除了每天吵着要住五星级酒店和抱怨空气质量太差之外，更关键的是，一番简单的尽职调查下来C公司发现自己除了浑身的毛病之外根本就没有什么优势和亮点，简直就是烂泥糊不上墙。

中介机构很有职业素养，倒没有说什么打击别人自信心的话，调查报告写得也是极尽婉约，不过孙总还是对自己没有什么信心了。此外，企业当时也的确是刚做出些眉目，并不敢贸然折腾，更不敢放到外国人手里去折腾。于是，孙总就选择了等待。

这一等，就是五年。

等，当然，也不是白等。经过这五年，中国的资本市场从低迷中迅速找回了前进的正能量，尤其是2004年推出的中小板，更是让中小企业找到了温暖的组织和避风的港湾。也就是在这个时候，很多准备走出去的企业选择了回归。

经过这五年，C公司的经营也是芝麻开花节节高，符合中小板上市的标准那是一点问题都没有。孙总都还记得，企业最疯狂的时候，一个月的净利润就是一千多万元啊，弄得自己都有点腮红脸热，就觉得是在抢钱似的。

2006年，孙总开始了自己的第二次上市的进程。这一次，孙总的步子迈得铿锵有力，同时加上境内中介机构无微不至的如保姆般的金牌服务，那信心是没的说。

券商拍着胸脯说："要是这次上市还不成功，连老天爷都说不过去。"

结果呢，老天爷就跟你作对，你能怎么着？本来是堪称完美的事情搞砸了。搞砸的原因有很多，有一点却是玄妙得很，这也是给孙总好好地上了一课。

这件事情还是要从很久以前说起了……

【股权转让　祸从口出】

20世纪90年代，孙总与很多混迹在中关村的人一样，和几个刚刚毕业的同学夹着个电脑包就开始了创业的生涯。

创业注定艰辛。公司刚开始的时候的确很艰难，不过在这帮清华计算机系高材生的鼓捣下慢慢有了起色。

知识就是力量！

公司发展越来越好，人手也就越来越不够，可是招人又没有资金给人家一个有竞争力的薪酬。怎么办，孙总几个人一商量干脆给股权得了。

你来我的公司我们几个大股东就转让一部分股权给你，价格就相当于白送，但是如果你工作期限没有达到公司要求就离开的话，就必须将你获得的股份再以相同的价格还给我。

拿股权发工资，这在孙总看来是当时一个比较完美的方案。高科技行业从来都是一个人才流动比较频繁的行业，尤其是高端人才，有的人可能会对你的公司高度认同，从而把公司的股份当作金元宝好好保存，有的人可能会觉得公司没有什么前途从而股份也就不值什么钱，会选择离开公司，股份还给你就是了。

就是在这段时间，发生了一件事情，看起来有些好笑，可是当事人肯定笑不出来。

孙总当初制订的方案是股权转让价格一般情况下一块钱一股，不管是授予别人还是回购。每次股权转让公司都会准备好股权转让协议到工商局备案，可是在2004年前后的一段时期，工商局不认可企业自己拟定的股权转让协议，必须用工商局自己的模板。

既然你们是专业的，那就你说怎么办就怎么办吧。关键的问题是，工商局的股权转让协议的模板根本就没有股权转让价格这一项，企业也只能在股权转让方面没有约定价格。

专业，有时候也靠不住。

后来，工商局不知道是勇于创新还是敢于改错，反正最后模板还是换成了新的，这个问题也就不存在了。C公司在上市的时候这个问题还是被券商拿出来重点做了准备，不过毕竟是历史造成的问题，过去也就过去了。

历史的问题历史办，最靠谱。

在C公司将材料上报之后，突然行业内的一家媒体要采访孙总。孙总想采访就采访吧，正好为我的上市工作宣传宣传造造势。结果就是这样的一次采访，为孙总的第一次境内上市带来了不小的麻烦。

在记者的采访中就提到了C公司频繁的股权转让问题,并且有才的记者还帮孙总起了一个国外很先进国内没听过的新名词:动态股权管理。

孙总一听,这个是什么鬼东西,我既没做过也没有听说过。孙总又一想,这玩意很新鲜,既然是先进的东西,你要写就写吧,这么写一下说明我的企业管理理念是先进的,是世界领先填补国内空白的。

就这样,经过媒体的宣传,孙总设计出世界先进的动态股权管理模型的消息就广为流传了。

【上会折戟　转板成功】

C公司的上市审核如期举行,孙总早就把这次采访忘得一干二净。可是,有一个人却在替他想着。

那就是某位审核人员。审核人员在一个偶然的机会通过网络搜索看到了曾经的那篇记者的采访稿,他对那个东西也非常好奇,希望能有机会得到企业方面的确认。

审核人员突然抛出的这个问题让孙总有些始料未及,他甚至一时都没有想起来审核人员为什么突然之间要问自己这样奇怪的一个问题。于是,孙总很干脆的回答他:"扯淡,我们公司根本就不存在这件事情。"

既然你对自己设计的股权管理制度都心里没底,那么C公司的股权结构在未来或许就会存在非常大的不确定性。这个稀里糊涂的模型就这样轻易地把孙总的上市美梦给扼杀了。这肯定不是最关键的因素,但是或许是压死骆驼的最后一根稻草。

不爽,相当不爽!孙总觉得这次上市失利有些冤,骂娘、拍桌子那是必须的,最后连保荐机构一起换了。别着急,这件事情只能算是一个小插曲,远远不是孙总在资本市场所经历的传奇的全部。

就在孙总郁闷的那段时间里,2008年下半年创业板即将推出的消息开始闹得沸沸扬扬,而这一次监管层终于没有再任性地食言。

2009 年 4 月 1 日，就在愚人节这天，创业板首发暂行办法颁布，而之后一系列的配套制度马不停蹄地接踵而至。

谢天谢地，创业板，你终于来了。

孙总一看，别再郁闷了，中小板不让上咱去创业板吧。2009 年 7 月 26 日这天，装着 C 公司申报材料的箱子自然是当仁不让地成为摆到新设立的创业板发行监管部的第一批。

塞翁失马，焉知非福。祸已远去，福将即至。

就在 C 公司上市失败一年多一点的时间之后，孙总的企业成为第一批创业板的上市公司，孙总也成为中关村的风云人物、中国的亿万富豪之一。

孙总一个人的时候，有时候还会得了便宜又卖乖地回想一下，如果第一次自己成功登陆了中小板，那么凭自己这家公司的实力顶多也就是放在人堆里都找不到的小盘股。而现在可大大不同了，搭上这创业板的东风，我现在不仅是风光那么简单了，中国资本市场无不为我侧目，历史都有我的一席之地。

现在很多人遇见孙总都会跟他开玩笑地说："你应该好好感谢第一次的审核人员，要不是他们痛下杀手把你给毙了，哪有你的今天啊。"孙总对于这样的观点从来都是笑呵呵接受，但是第一次上市的时候那件有些荒唐的事情，也让他难以轻易忘却。

或许就像孙总自己说的那样，企业上市是一个具有很大不确定性的过程，你有时候猜不透到底哪块云彩会下雨。企业上市也是一个涉及方方面面系统的工程，每一个环节都需要严丝合缝地配合，容不得半点马虎。

第四回:旧事重提

事关上市无大小,柳絮压断小梧桐
本已尘封成旧事,今日重提惹纷争

上市,对于一家企业来讲,那是一个完全脱光了洗澡的过程,那是完全回炉再造的过程,涉及企业的方方面面甚至是犄角旮旯。如果你不上市,天大的事情或许都是小事,但是如果你选择了上市这条路,那么任何微不足道的事情都有可能成为天大的事情。就像今天我们看到的故事那样,真是所谓:上市无小事!

——题记

如果不是有唯恐天下不乱的好事者在网上发了那个该死的帖子,李总早就把这件旧事给抛在脑后了。更让他没有想到的是,就是这件自己觉得根本就不值得一提的小事让企业的上市进程推迟了近一个月的时间。

其实,本来就是一件陈芝麻烂谷子的事情,没有人去关注早就应该放在棺材里刨个坑埋了,结果还真就有人去关注,并且是死盯着不放。或许,这就是企业上市的代价吧。

【骗了政府 好大罪过】

送走了最后一批政府领导和业界贵宾,李总终于长舒了一口气,在中介机构的严格要求下陪着企业一起经历的炼狱过程即将结束了,D公司和他本人都将迎来一片红彤彤的艳阳天。

根据进程安排,就在这顿庆功宴和答谢会的三天之后,D公司即将登陆资本市场,实现中国每一位企业家都梦寐以求的一个梦想。

可就在这个时候,酒店服务员连宴会的残局都还没有打扫干净,秘书就带来了一个不好的消息,并且这个消息帽子大得一般人可接不住:D公司欺骗了财政部。

李总也让这个消息吓得着实不轻,谁在那里跟我开天大的玩笑?这年头企业谁敢欺骗国家部门啊,那还不是自寻死路?如果这件事情是真的,这企业别说上市求发展了,就连生存都成了问题。如果再干脆一点,说不定就是大卸八块就地刨坑埋了。

怎么回事呢?就算是李总这位亲历者翻遍了脑子里的所有记忆都不能一下子想起来事情的来龙去脉。李总跑到公司档案室里把以前的资料全部收拾出来,才勉强将曾经的那段往事恢复了大体的模样。

【招标交火　结下梁子】

三年之前,财政部曾委托中海公司通过招投标的方式采购一批公用卫生设备,不仅数量巨大而且不差钱。谁都知道政府不差钱,所以地球人都知道,这单生意等于是一块肥得不能再肥的大蛋糕。

蛋糕谁都想吃,那竞争在所难免,并且肯定是消停不了。惨烈的火拼之后,胜利者即将登上最高的阵地,品尝自己打下来的胜利果实。过五关斩六将,D 公司和阳光公司终于从几十家的竞标者中成功突围。

旁观者一阵惊呼,都瞪大了眼睛想看看到底最后鹿死谁手。这两家公司可有得 PK 了,不论规模还是知名度都是半斤对八两,你是消费者最满意品牌我是中国驰名商标,你是市场占有率名列前茅我是产品销售额遥遥领先,你是西班牙进攻犀利我是意大利防守固若金汤。

两家公司不仅实力相当,并且都志在必得,简直就是杀红了眼,就好像这单生意做不成都没脸见江东父老了。

几天之后,投标结果出来了,D 公司成功中标,而阳光公司则是竹篮打水一场空,大家期待的肥皂剧剧情元素一点没有表现出来,D 公司赢得毫无悬念。

大家有些失望,期待的激烈场面和戏剧元素根本一点都没有,十足的大烂片。这帮看热闹的人骂完也就完了,反正跟自己没有切身的利益关系,就好像影迷看见自己喜欢的明星没有得奖非常失望,可是回到家照样洗洗踏实睡了。

可是,拼得遍体鳞伤结果一无所获的阳光公司会愿意就这样洗洗睡吗?

阳光公司赶紧跑到中海公司去告状,一大摞材料报上去就是举报 D 公司的生产规模根本就不具备投标资格,根本就不配与阳光公司竞争,所以就更不能中标了。

开什么玩笑？D 公司都已经中标了你跑过来告诉我人家没有竞标资格，就好像是两个人孩子都有了你又跑过来告诉我他根本不爱你，这烂摊子谁来替我收拾？

中海公司决定依据惯例进行妥善处理，把阳光公司一巴掌就给挡回来了，说人家没有任何问题，你爱上哪举报去哪里举报去。

阳光公司的人员对着中海公司翻了几个白眼吐了几口唾沫之后，只能悻悻而去。阳光公司还是不服，心里想，你不好使那我直接找你老大说理去，于是转身直接找到财政部要求给个说法。

财政部一看，中海公司这样的小弟是白养了，根本就不能替老大分忧解难，这样的小事情都要来麻烦我。财政部作为老大肯定不能再踢皮球了，既然你要说法，那我就给你个白纸黑字的。

财政部要求 D 公司就投标类产品的当年产量情况进行说明，D 公司说公司最近三年设备的产量分别达到了 3000 台、5000 台和 8000 台。D 公司也绝对不含糊，自己说好不是真正的好，大家说好才是真的好，公司还专门找到了镇政府和县政府给盖章确认。

财政部就把这个说明拿给阳光公司，你现在没有什么可说的了吧？

郁闷，吐血，可是还能说什么呢？阳光公司只能是打碎牙往肚子里咽，有苦说不出。

本来这件事情就算是历史的一页，翻过去也就翻过去了，想不到 D 公司的上市让这件事情又成了一个随时可能引爆的炸药桶。

【数据打架　口径不一】

得了便宜的 D 公司早就把这件招标的事情给忘了，可是吃了大哑巴亏憋了一肚子窝囊气的阳光公司可一直念念不忘。这下好了，D 公司申请上市招股说明书披露的数据正好给了阳关公司一个复仇的机会。

君子报仇，十年不晚。

根据D公司在信息披露文件披露的数据显示，D公司某类设备在最近三年的产量分别为800台、1000台和1200台。这类设备就是D公司与阳光公司曾经竞标的标的，而800台就是曾经中标时D公司出具证明的8000台。为什么同样的设备同样的时间年份，产量差别会这么大呢？

阳光公司感到一股热血直往脑袋上涌，仿佛又找到了当年跟D公司死磕的热血激情。没说的，阳光公司又是一摞材料，这次直接就寄到了证券监管部门。这还没完，既然是新账旧账一起算，那动静就来个大的，举报信之外，阳光公司还将财政部和D公司一起告到了法院。

监管部门赶紧叫来企业和保荐机构，要求一定要查清楚具体是个什么情况，自然而然，上市的事情那就暂缓吧。得赶紧想辙找应对措施，不然怎么给监管机构一个交代呢？

【互不得罪　左右逢源】

这辙还真是不好找，哪边也不能承认错了。如果说当年报给财政部的数据是错的，那欺骗政府罪责担当得起吗？如果说招股说明书的数据是错的，那就是虚假披露欺骗广大投资者，罪过也小不到哪里去。那该怎么办呢？只能硬着头皮一口咬定是统计口径有问题，两边的数据都没有问题。

那两边的口径都是什么呢？为什么口径不一样就会闹出十倍的差异呢？企业和保荐机构只能是睁着眼睛说瞎话，摊开双手和稀泥。不管怎么样，反正打死我也就是说统计口径不同。

监管机构觉得D公司也不能给出一个明确的答复，估摸着稀泥已经和得差不多了，群众的注意力也慢慢转移了，那就得赶紧把这一篇翻过去。

监管机构心里很清楚。如果D公司真是有一头做了欺诈的事情，监管机构的脸上也得抹一层灰。既然企业是四处骗人的货，那监管机构为什么不能把眼睛擦得再亮一些，还让这样的小鬼跑到资本市场去骗老百姓的钱呢？回过头来，如果D公司真的有错，那财政部会好受吗？你说你们政府部门是干什么的，企业随便编个数据你就相信啊，政府的工作能力何在？不论是往前看还是回头看，D公司必须得没有错，就算是真的有错，大家也要一起帮忙把这件事情给蒙混过去。

首先得监管机构出手。经过一段时间的核查和求证之后，监管机构给阳光公司出具了回复，内容无非是经过核查，D公司的数据差异是由于统计口径不同而导致，不存在数据造假和欺诈的问题。

法院那头呢？行政主管部门都认定没有违规事实了，那么法院自然也就没有立案的依据了，法院以诉讼理由不充分为理由，没有受理阳光公司的诉讼。

阳光公司想不到的是，三年之后再一次找到了喊冤无路告状无门的感觉。正规路径是没有指望了，现在网络那么发达，那就上网发泄发泄吧，结果发现此路在财经公关公司面前也已经走不通了，不是账号被封就是帖子被删。

而就在这时，D公司机不可失失不再来地立即恢复了新股发行的工作。“冲喜”工作效果还是非常明显的，在D公司敲锣打鼓的庆祝氛围中，曾经的那一幕陈年恩怨又归于平静，慢慢回归尘土。

故事到此也算是有了一个结尾，尽管最后还是一部喜剧片，但是也给我们很多拟上市的企业家提个了醒。你不打上市这个念头不走上市这条路，自己藏在自己的角落里干事业，想怎么说想怎么做想怎么折腾都没有关系。但是，如果你要走上市这条路，那就要做好迎接任何风雨的心理准备，比如投资者无休止的争议和责难，再比如这陈年恩怨的回马枪。

第五回：因小失大

万事俱备欠东风，上市已过顺风桥

一念之差铸大错，回头已无后悔药

每个人都可能有过一念之差的时候。我们并不能保证永远都不犯错误，但是我们可以做到随时提醒自己要时刻谨慎小心。犯了错误需要改正，而改正的代价有时候是巨大的，这对于准备上市的企业来讲更是如此。因为一念之差，上市进程被延长一年甚至更久，更有甚者干脆就失去了上市成功的可能。本篇故事的结局虽然并没有那么吓人或者不可挽回，但是警示的意义足够深刻。

——题记

E公司经历的事情真的有些离奇和冤枉。E公司本来正在一条光明大道上快速前进，目标就在前方不远处，突然一个声音告诉它来这边看一下吧，这里有更好的风景。没有经得起诱惑，E公司还真过去看了一下，结果什么都没有，连狗屎都没有。E公司很是懊恼，本来是领先别人的，现在只能追着人家的屁股追了，不过庆幸的是，E公司尽管绕了一个大圈最后还是成功到达了终点，真是不幸中的万幸。

这就是E公司故事的全部。

【天使陪伴　一马平川】

E公司自一出生就好像一直有天使陪伴在左右，好运连连顺风顺水。

当很多企业还为苦于找不到准确的行业地位而苦恼的时候，E公司却很敏锐地投入到了国家最舍得花钱的环保产业；当很多企业在起步阶段没人搭理销售无门没有合同的时候，E公司却受到多个地方政府的青睐，接下了好几个市政工程的大单子；当很多企业为了能够登陆中国资本市场通宵达旦地受折磨的时候，E公司却是一路小跑几乎没有遇到障碍。

命好，没办法。

做明星的感觉有时候真的不一样。自从E公司上市的口风不知道被谁放出来之后，公司就是未上市先红了，中介机构为了这个项目那可是抛头颅洒热血，鞠躬尽瘁死而后已。在上市过程中，这种高规格的待遇，一般企业还真是享受不到。

尽管在聚光灯下被无数人琢磨来琢磨去的滋味很要命，E公司还是在连绵不绝的风波中于2009年3月成功地把材料报到了证监会。

E公司上市的过程顺利得一塌糊涂。也就是刚刚过去不到半年的时间，E公司就到了最后临门一脚的阶段。

可就是在这个很多人看来都是值得激动和兴奋的时刻，E公司的领导和保荐机构却有些纠结，什么原因呢？那还要从2009年3月31日说起。

【诱惑难拒　决定转板】

再过一天就是愚人节，可是这一天监管机构没有再跟大家开玩笑，闪电般地公布了创业板上市的暂行办法。

从 20 世纪全中国人就都在琢磨创业板，结果琢磨了十多年，这就好像是一个愚人节的笑话一样在愚弄着大家。愚人节一年年在过，很多企业关门大吉，中介机构神经麻木，广大投资者一遍一遍听着“狼来了”的故事。

而这一次，时间仅仅是巧合而已。监管机构动了真格，并且创业板推出的速度远远超过了很多人的预期，就好像一个虚度了很多光阴的中年人，要铆着劲把曾经失去的青春全部找补回来。

四月份广泛征集意见，五月份一大批配套规则出台，六月份已经通知七月开始受理创业板的申请材料。

我们已经习惯了以龟速前行，突然间来这么一下兔子的感觉，还真有些跟不上节奏。

创业板看来是要大干一场啊，这个架势大大震撼到了 E 公司。E 公司本来想着创业板不知道还要等到猴年马月呢，所以没耐心等了就赶紧去申报中小板。就算是创业板暂行办法出来了说不定还要等上一年半载的，那也不等了，早上市早利落。

乖乖，这家伙怎么说来就来，并且来得风驰电掣。

再看看 E 公司，要产业有产业要规模有规模要政策有政策，简直就是为中国的创业板而生的，你说我不上创业板能行吗，那都对不起新生的创业板！

酷！就凭 E 公司这条件，就算是去创业板那也得排在前面啊，说不定一不小心成了创业板的第一家，那都是要进中国资本市场的历史簿的，那多带劲啊。

保荐机构也没闲着，旁边那也是一个劲地煽风点火加忽悠，心里盘算着要是创业板能做成功，企业能出名保荐机构也能跟着风光一把，岂不也很带劲？

不纠结了，为了这带劲的历史，E公司还是决定当机立断，撤材料转板！

衙门口你以为是你们家厨房呢，想来就来想走就走，更何况你已经走到最后一步了，你以为遛傻小子呢，我们一帮人全给你白费力气给你打工了。要知道，创业板出来之后跟中小板那就是明刀明枪的竞争关系，中小板又怎么舍得轻易放手呢？

不同意！

你同意我也撤，不同意我也撤，E公司是吃了秤砣铁了心。越不放，E公司越觉得创业板好，人都是这个心理，越得不到的东西越觉得就是这个世界上最好的。

我想去哪里上市，你们监管机构不能横加干涉，我就要去创业板上市。看谁耗过谁。

最后监管机构不愿意耗了，排队的企业那么多家呢，就算你是金疙瘩也不稀罕了，你想走就走吧。

创业板要是对你不好，记得再回来找我。

【仔细研究　不能转板】

为了那带劲的历史，大家伙就加班加点带劲地干吧。

可是，就在大家关起门来仔细讨论方案的时候，却发现了一个让所有人头发都竖起来的问题。

午夜凶铃？比这个还恐怖：E公司不符合创业板的上市条件。

其实，中国企业去创业板上市还是去中小板上市除了某些行业上存在限制之外还真没有多少本质的区别，不过有一点那是必须的，那就是上创业板的企业一定要有成长性。

要不然，创业板的名号岂不就白叫了？

尽管创业板为了照顾企业还设计了两套财务指标的标准，可是 E 公司偏偏就像撞了灾星似的一头也靠不上。

E 公司最近两年净利润虽然持续增长，但就扣除非经常性损益后孰低的净利润而言，最近一年反比上年略微下降了一点，创业板发行条件中关于净利润的第一套标准，它靠不上。E 公司最近一年扣除非经常性损益后孰低的净利润超过了 500 万元，营业收入也过了 5000 万元，但最近一年营业收入增幅却未及 30%，看来这创业板的第二套财务标准，它也靠不上。

更加让人抓狂的是，E 公司最近一年的净利润也就比上年少了那么一点点。

让你玩，这下玩得有点大了。

董事长拍得桌子震天响，恨不得把一帮中介机构都给吞到肚子里，中介机构个个都是在那里抓头发拧耳朵，一个个都很无辜的样子，可是有什么用呢？

申请中小板上市的时候，E 公司仗着家大业大超强的盈利能力根本就没把净利润的问题放在心上，可是现在却成了最大的拦路虎。

运气，总有用得完的时候，所以要省着点用。

【苦苦等待　只有无奈】

再回中小板，怎么还有那个脸。当初人家苦苦挽留，你倒是坚决要走，现在还要回去，以后怎么跟人家打交道。

好马不吃回头草。E 公司最后决定，罢了罢了，做不成创业板的历史那就老老实实做创业板的一员吧。搬了石头砸了自己的脚，谁疼谁知道。

没有办法，只能等。等 2009 年过去，E 公司的经营业绩能有一个较大幅度的增长，公司上创业板还是没有任何问题的。

等待是煎熬的，更何况是这种带着遗憾和憋屈的等待。

等待总是会结束的，好在 E 公司等待的时间还不算很长。

等 2009 年一过，公司就赶紧结账审计更新招股书报材料。好企业到哪里都招人待见，创业板的审核速度还是给了 E 公司一些安慰。2010 年 7 月，E 公司成功上市。

E 公司依旧是资本市场的一个大热点，可是创业板的排名早已经在五十名开外了。不过令 E 公司颇感欣慰的是，E 公司的发行市盈率竟然超过了 100 倍，乖乖，这可是中小板想都不敢想的哦。

多等了半年多的时间，口袋里竟然白白多了好几个亿的资金，原来这半年并不是在原地苦苦等待，而是跑到大街上捡钱去了。中介机构也是笑得合不拢嘴，这承销费也要翻倍了。

人生就像一场旅行，不在乎目的地只在乎沿途的风景。E 公司走神跑了弯路，我们就理解为是去看风景了吧。

不过对于上市来说，那根本就不是旅行而是战争，只在乎快一点到达目的地谁还在乎是怎样到达的。

沿途的风景，扯淡。

第六回：误入歧途

本是林中梧桐树，却盼能开向阳花
误入他途冤枉路，迟到两年方回家

创业板的队伍现在已经是声势浩大，不再像刚开板的时候那么珍贵。企业家对于创业板的热情和认知也逐渐归于理性，不再认为创业板什么都好。很多人都在批评创业板定位不清，与中小板甚至主板没有明显的区别，这对于很多既能上创业板又能上中小板的企业来说，的确如此。但是，对于一些行业和企业来说，能不能上创业板那还是很明确的，毕竟创业板有明确的要求并且对行业有严格的限定。我们对创业板有很高的期待，创业板是否能够发展壮大实现我们的梦想在很大程度上取决于我们创业板是否能够严格坚守自己的定位。

——题记

上回讲到了某家企业由于中国创业板闪电推出而导致的惊魂一幕，其实，被创业板的火箭速度闪了一下腰的，可不单单是那一家企业。

地球人都知道，政府出个政策作个决定，那是出了名的慢三步。调研半年，做个计划还得半年；开会讨论半年，征求意见还得半年。要是就这样耐着性子一步步走下来，一个国家政策没有个一年半载怎么着那也是搞不定的。更何况注定要在资本市场创造历史的创业板制度呢？再者说了，一等都十年过去了，次次都是难产，你说这次政策能出台我已经是谢天谢地了，你说这次能快速推出打死我也不相信。

你可以不相信，可是政策出台这次还真就是快了，套用最时髦的一句话那就是：不管你相不相信，我都在那里。

【来得太快　没准备好】

当创业板正式开闸的消息传到X省政府主管领导耳朵里的时候，他的第一反应跟绝大部分人并没有什么差异，诧异加兴奋。

看看我们X省，那简直就是中国民营经济的代名词，中国的中小企业有半数都是从这里起家并发展壮大的。你别不信，你去看看交易所中小板挂牌的企业中有多少老家在X省你就明白了。

中小板一直跑在前头，创业板这次来了，咱们X省自然也不能落在别人后头。这是原则，更是底线。

主管领导赶紧吩咐在全省发文，要求各地市主管部门抓紧准备创业板上市企业的申报材料准备工作，一定要再接再厉在中小板辉煌成就的基础上再来一个创业板的开门红。

人刚撒出去的时候，那都是兴高采烈地敲锣打鼓，可是回来的时候，每个人却是垂头丧气，偃旗息鼓。

下面的人带回来的消息实在让人高兴不起来。全省大街小巷全部跑了一遍，竟然没有几家企业把创业板当回事，更没有几家企业在准备创业板的申报材料。

X 省不是号称是中小企业的摇篮吗，怎么连创业板的上市资源都找不出来，不会是吹牛吧？

还真不是。造成这个局面一来怨不着企业二来也怨不着政府下面办事的人，其实就是“狼来了”的故事在作怪。前些年，每次吵吵着创业板要来的时候，X 省那都是次次跑在最前头工作最卖力，可是到最后都是失败的结果、伤心的结局。

每次都是这样，每次都没改变，每次都是只听打雷声没见雨点来。等曾经的热血创业青年都被创业板熬成孩子的父亲的时候，大家的激情和斗志也就慢慢消退了。

更重要的是，凭着 X 省人民多年来与创业板斗争的丰富经验，这一次最后的结论也很可能是雷声大雨点小，最后一摊牌：逗你玩。

于是，大家都决定不再被动受欺负，而是主动决定不再陪创业板去玩了，创业板的时机还不够成熟，推出的时机说不定要等到我的儿子再成了孩子的父亲。

实践是检验真理的唯一标准，再丰富的经验也经不起实践的检验。当创业板这一次踩着风火轮来到你面前的时候，就由不得你不相信了。

【没有他法　火线凑数】

企业有些着急了，更着急的是主管部门。企业心里想，创业板上不了大不了我还去中小板。主管部门心里可不是这么想，创业板报送的家数可以不比别人多，但绝对不允许比别人少。

听说中关村头一批创业板就上报了二十多家，大有靠着创业板这一江湖利器一雪前耻树立江湖霸主地位的气势。一直与 X 省在实力上不相上下的兄弟省市也不甘示弱，据说有三十多家企业正在准备上报。

X 省这边呢，据统计上来的资料显示，符合创业板申报条件的只有三家。其他的企业要不就是符合条件材料压根还没有准备,要不就是材料正在准备着但企业实在是跟创业板没什么关系。

太不像话了,实在是太不像话了。X 省的领导非常火大,我们堂堂民营企业的摇篮怎么连创业板的企业都找不出几家。

半夜开会,紧急讨论。经过整宿的奋战最终达成的最底线的意见就是:X 省上报的创业板的企业就算是少也不能被人家拉得太远,不然这脸往哪里搁,以后还怎么在这个圈子里混。

分头行动,紧急补救。创业板的企业又不能从天而降,最后就只能是矬子里面拔将军,从准备申报中小板的企业再找出几家材料做得差不多的临时救驾报到创业板去。

【说你可以　不行也行】

X 省跟上市能沾上边的全部工作人员都忙活开了,就好像每个人屁股后面都挂着一个炸弹,还有速度感应器,只要稍微跑慢一点就会爆炸。

为人民服务,就赶紧跑吧,小心炸弹爆炸把你炸上天。

突然有一天,下面的人来跟领导汇报,问:“F 公司能不能申报创业板?”

领导问:“符合创业板条件吗?”

下面的人回答:“条件倒是符合,就是有些问题。”

领导急了:“你是怎么办事的,符合条件就是没有问题,符合创业板条件就赶紧准备报材料,剩下的问题都好解决,保证一路绿灯。”

下面的人吞了口吐沫,说:“问题是这个企业所处行业有点不合适。”

领导问:“干什么行业的?”

下面的人回答:“造火腿肠的。”

领导也是喝的半口茶又吐到了杯子里,问了一句:“就是我们平时夹到面包里一起吃的那个玩意?”

下面的人点了点头。

这个确实有些离谱。有些问题可以替你兜着,有些问题可以替你担着,可是这个问题就是和尚脑袋上的虱子。

这还是个哲学问题:问题其实谁都能看得见,你就告诉我对还是不对。

不对也得对。省里领导也有点英雄要上战场准备就义的意思,最后一拍桌子,报!

领导都是哲学家。

F 公司的材料一报到审核机构,审核人员就倒吸了一口凉气。对于创业板,我们做好了充足的准备,也想到了很多困难,可是这个难题来得的确有些突然。这怎么能算创业板呢,创业板又不是白菜筐,什么东西都能往里面装。

更加让人想不到的是,困难并非个例而是重重。有 F 公司这种情况的还不止这一家,不仅有造火腿肠的还有做儿童玩具的还有卖盒饭的,你想到的和没想到的都有,都想在创业板上找一席之地。

真的是没想到,创业板竟是如此受欢迎。

还有更头疼的,创业板工作人员还会时不时地接到一些不速之客来咨询创业板的事情。

湖北人民来信询问,我们做的鸭脖子是用祖传秘方做的,可好吃了,全国人民都喜欢吃,这个能上创业板吧。

兰州人民来电询问,我们能不能找五十个拉面馆一起捆绑起来上你们的创业板,我们有技术含量,我们的拉面拉的又细又劲道还煮不烂。

山西人民亲自过来询问,听说你们不是很欢迎我们煤老板上你们中小板,那我上你们的创业板总行了吧。

……

不行,总得给个理由吧,只能耐心地给人家解释:“你们就死了这条心吧,肯定是不行的,我们创业板的门槛是很高的,就别瞎子点灯白费力气了。"

这些人还好打发,毕竟还没付出什么成本,就算是把他们劝回去,顶多浪费点电话费、快递费或者火车票,内心还没那么不安。

那么,这些已经费了很大劲已经把材料做好并且已经受理的企业该怎么办?

【就是不行 拖不死你】

审核人员找到F公司,劝说他们还是直接到中小板那边接受审核吧,你们卖火腿肠的实在是不适合创业板,创业板不仅对企业的成长性有要求对行业也是有一定限制的。

可是F公司死活就是不听,任凭你唾沫横飞我自岿然不动。监管机构公布的规定里面可是白纸黑字啊,你告诉我哪句话哪个字规定我们卖火腿肠的就不能上创业板了? F公司还有当地的政府撑腰,我们省长都说了,为了X省我们必须要上创业板。

请佛容易送佛难,更何况是这样死脑筋的佛。

赶紧请示领导,领导们一商量,画了一个圈,就是允许申报创业板的行业的小圈圈,以指引的形式予以公布,规定只有九大行业可以申请在创业板上市。当然了,只是指引,你们要是还死活赖着不走,我们也不会硬把你们赶出去,只是休怪我们出绝招:拖死你。

审核人员回头又找到F公司,说我们已经白纸黑字发文了,你们现在可以听话把材料转到中小板了吧。

F公司还真是一条道走到黑了,说你们那是个指引我们可以不听。

审核人员火了:你不听,我就不审。

不审……

这可怎么办。F公司又赶紧跑到当地主管领导那里去请示该怎么办。领导一看如来佛祖要来硬的，那齐天大圣也没什么办法了，嘱咐企业赶紧撤，越快越好，早转早排队。想想看，要是审核机构决定把你的企业放在那里耗着，那对于企业来说岂不就是生不如死？

你不听，我不审，拖不死你。

就这样，F公司晕晕乎乎转了一大圈之后，创业板的梦，还是碎了。

F公司本来是有机会安安稳稳申报中小板的，却非要跑到创业板去凑热闹，结果在创业板那里转悠了一圈，碰了一鼻子灰。回头再想往中小板里靠，也不那么赶趟了，很多曾经在自己屁股后面老远的企业已经排到自己前面了。

没办法，走了弯路只能从头再来，慢慢排队等吧。F公司本来是想在2009年能够成为创业板家族中的一分子，结果最后只能在多等了2年时间之后才登陆了中小板。

一个人走了弯路不可怕，可怕的是老走弯路，希望看到这个故事的人不会走弯路。

第七回：栉风沐雨

几度风雨艰辛路，不觉竟是整八载
企业成功上市日，家有小女初长成

据不完全统计，如果考虑到未通过审核、暂缓表决、撤回申请等诸多因素，每年申请上市的企业中只有一半左右的企业成功走到了最后。我们并不否认，这里面有令人羡慕的幸运儿能够在企业上市的道路上一帆风顺，但更多的企业不知需要付出多少个日日夜夜的辛劳才能真正完成这样一场“大考”，这个考验的时间有时候会很长，三年五年甚至是十年八年。我们祝福每一家成功登陆资本市场的企业，我们有时候会眼红企业家因此而获得的高额财富，可是我们也不能忘记那句有些不尽妥当的老话：只见贼吃肉，没见贼挨打。

——题记

只有一万，没有万一。做了那么多工作，这一次，G公司的上市不会有任何问题，真的不会有问题。

尽管周总做好了充分的心理准备迎接这迟来的胜利，可是当自己在曾经熟悉的会议室里真真切切地听到发行申请获得通过这个消息的时候，还是忍不住抱头痛哭。

哭吧，上市哭吧哭吧不是罪。

是到了好好发泄一场的时候了，不是因为周总女性的多愁善感，而是因为G公司为了上市这一路走来实在是艰辛无比，让人不禁欷歔。

八年，整整八年的时间。曾经，英勇的中国人民用八年的时间把日本侵略者赶出了中国，现在周总用八年的时间把自己从曾经的财务部普通会计变成现在的财务总监，从曾经刚毕业不久风华正茂的财经学院高材生变成五岁孩子的妈妈。

周总陪着G公司一路走来，也陪着中国资本市场一路走来。

一路走来，栉风沐雨，风雨无阻。

【国内境外　出师未捷】

G公司第一次起了上市的念头，是在2001年，就是中国创业板风潮渐起且风雨欲来的时候。

那时候G公司对上市还很懵懂，也就是抱着试试看的态度，没有怎么真正当回事，还没等弄明白创业板到底是怎么回事，创业板就一溜烟不知道钻到哪里无影无踪了。

G公司还真该庆幸当初就是抱着这个不当回事的态度，要是真当回事了还不知道会死得有多惨呢，因为创业板这个大忽悠把企业忽悠忽悠就忽悠没有了的事情可没少发生。

一数一把辛酸泪。

也就是那一年，周总从某财经大学毕业来到G公司财务部任一名普通会计,当时周总放弃了其他更加优越的就业机会来到G公司的一个很重要原因就是看上了这家企业具有能够上市的潜力。毕竟,做一个上市公司的会计还是很带劲的,更何况是创业板呢?

创业板是拍拍屁股不知跑到哪里去了,跟着创业板一起跑掉的还有跟周总一起来到公司的同事,人家一看苗头有些不对就干脆跑到会计师事务所做审计去了。

经过这么一折腾,G公司要上市的心思却是越来越坚定了。没有你这根葱我还做不了葱花饼了,没有创业板难道我就上不了市了?国内创业板不行,我去香港。

周总对于创业板的夭折多少有些失望,不过既然马上就有一个新机会可以补偿,同样可以实现你的梦想,那也就不再抱怨什么了,赶紧投入到新的工作中去。

人生最大的幸运,就是在你失去之后立即会有一个更好的机会去补偿你。

G公司请来了一大群衣着光鲜、说话一半英文一半汉语的中介机构后,就开始了上市的准备。这一阵折腾,跟强盗没什么大的差别,翻橱倒柜问东问西,公司老板觉得就好像被人绑起来扒光了衣服拿鞭子在那里抽。

不知道是人家境外机构要求本来就更加严格还是G公司自己本身还欠缺很多,反正当中介机构翻腾完了尽职调查完毕并且发表了专业的意见之后,G公司老板倒泄了气,对自己上市没有那么大的信心了。

我一个好端端的企业,账上那么多的资产,交那么多税收,养活那么多员工,怎么就不是个好企业呢,怎么就那么多窟窿堵也堵不完,怎么就那么多的毛病改也改不完,就好像我的企业一文不值似的?

什么道理?

【三次上市　横生枝节】

国外上不去,国内上不了,企业只剩下最擅长也最无奈的选择:等待。

G 公司做出了选择,周总也无奈地跟着 G 公司一起等待。这一次,又有财务部的同事选择了不等待,甚至包括财务总监也临阵脱逃,跑到一家上市公司做财务总监去了。

周总没有随波逐流而是选择了坚守和等待,不过这一次她等待得更加彻底,直接回家生孩子去了。

等周总的孩子呱呱坠地,时间已经来到了 2004 年。

周总的产假还没有休完,G 公司老板就催着周总赶紧回公司上班,说中国的中小板就要开了,咱们可得赶上这一波行情,就算是脱了裤子跑也要跑在别人的前面。跟着这急急如意令一起到达的还有公司的任命书,即日起周总正式升任为公司的财务总监。

这或许是对周总对 G 公司不离不弃最好的赞扬和最大的褒奖。

虽然前两次的上市进程都是无疾而终,G 公司总算也是没吃过猪肉也见过猪跑,经过上市过程的洗礼之后很多事情还是轻车熟路了。选中介机构、做申报材料、跑各种关系,别说是同一起跑线上的对手了,就算是你比我提前跑了几步 G 公司也有信心把你追上。

看看这牛气冲天的气势,前景一片光明。

话说苍天有眼,老天爷有时候也是心术不正,也不一定就会专帮好人。老天爷就好像攒着一肚子的坏心眼要跟 G 公司作对似的,当地的环保局在对 G 公司的一次例行检查过程中发现了问题,并且针对这个问题环保局是不依不饶非要好好地处罚一下公司。

环保大如天。对于在我们这个因环保问题已满目疮痍身心疲惫的国度来说,什么事情都可以大事化小小事化了,唯独环保问题例外。污浊的空气,腐臭的水源,回收的食品……在残酷的是生存还是毁灭的人生命题面前,我们终于有些醒悟,重视环保问题没有错。

上市比天大。你环保问题重要,我企业上市就不重要了? 企业上市已经是万事俱备就差这一哆嗦了,谁给你们的胆子敢拦着? 政府的税收你们出,政府的面子你们挣,领导的乌纱你们保? 出得起,挣得来,保得了吗? 不能,那就赶紧办事解决问题。

为了上市,什么问题都不是问题。

环保局说我们要提要求,企业说没问题,我们是有条件满足要求没有条件创造条件也要满足要求。在党的红旗下,都是一家人,那还有什么不一致的? 在友好、团结、祥和的气氛中,问题还是圆满得到了解决。

问题是解决了,宝贵的时间也是浪费了。G 公司前脚刚把申报材料报到审核部门,后脚轰轰烈烈的股权分置改革席卷而来,新股发行暂停。

老天爷,你他妈的想玩死我啊? 老天爷回答:淡定。

【四次上市　无情被否】

滚滚长江东逝水,浪花淘尽英雄。在历史的滚滚洪流面前,连英雄都不值得一提,更何况无名之辈。G 公司最后的选择依旧是等待,尽管等待是漫长的,等待是煎熬的。

周总的等待一点不比别人好受,甚至更加痛苦,百般痛苦感受之后唯一能让自己有些安慰的,就是自己的孩子了。周总正在路上跑得欢畅呢,一下子又被一双大手给活活拉住了,那就顺应历史潮流好好休息,干脆回家看孩子。

迄今为止历史上最长的一次新股发行暂停期终于结束,新股发行审核在 2006 年重新启动。

G 公司一直在被压抑着,这一松手,立马就像弹簧一样弹了出去。压抑得太久了。

G 公司重新出发,踏上那条已经走过三遍的道路,这一次,没有什么可以阻挡了吧。每个人都会相信,G 公司经过如此多的周折和磨难之后应该会得到一个好的结果。

这是每个善良的人的祝福和愿望,谁也没有想到的是,命运并不掌握在大多数人的意愿中。

原来,G 公司踏上的并不是一条高速公路,而是一条玄奘西天取经的路线,九九八十一难没有尝试完毕,就相当于还没有修成正果。

2007 年的夏天,G 公司的首发申请没有通过审核。

周总就是在那个透不过气的会议室里听到了这个消息。周总事后再也想不起来当时自己的想法和反应,以及后来是怎样从会议室走出来的。

或许当时我已经傻掉了甚至死掉了吧,周总这么想。

【五次上市　终成正果】

愤怒?早就淡定了,都没有了发火的心情和力气。

还是别扯别的了,赶紧找找原因整改之后继续上市吧,这条路还得继续走下去。

东找西挖最后没找到 G 公司什么大毛病倒是挑出中介机构一大堆的不是,G 公司就觉得是中介机构工作做得不好导致自己被冤杀了。G 公司一怒之下将中介机构全部换掉,片甲不留,并且指示新的中介机构一定要快马加鞭,再次冲击中小板。

人生之中最有勇气的事情:在哪里跌倒就在哪里爬起来。

人生之中最痛快的事情:在哪里跌倒能在哪里爬得起来。

G 公司已经跌倒好几次也勇敢地爬起来好几次,而这一次终于可以好好地把握住自己的命运了。这一次,G 公司没有给任何人惩罚自己的机会,顺利过会。

这一次,上帝没有再淘气。

这一年,周总的孩子开始上幼儿园了。

周总回头看看,一切已是物是人非。企业已经不再是曾经那个节衣缩食艰难度日的小公司了,G公司现在一年的净利润已经近亿元。变化更大的是周围的同事,不知道已经换了多少波多少茬。正所谓铁打的营盘流水的兵,看着新入职的同事那意气风发的样子,周总就仿佛看到了自己曾经的模样,而现在,自己就好像一杆早已经退色的旗帜插在G公司的城头上。

八年抗战,我们实现了民族的独立。周总同样用了八年,实现了什么?

“周总,您签个字!”繁忙的工作根本不给她丝毫思考的机会。管他呢,至少坚持过了,最后也成功了。

第八回：哑巴黄连

专业中介献一言，出资问题需周全
老板白掏五千万，最终哑巴吃黄连

不能否认，一个企业是否能够成功上市最根本的决定性因素还是在于企业本身的质地和发展前景，中介机构只是起到辅助和规范的作用。不过话又说回来，如果企业上市进展顺利那么中介机构只是锦上添花，如果企业上市因为中介机构的决定出现重大挫折，那就会感受到中介机构在上市中的地位了。还是那句话，企业上市是一个系统工程，中介机构需要尽职履行其职责，才能保证顺利完成这样一个战略性的目标。

——题记

H公司上市的准备工作一直还算是比较顺利，不过老大吴总心头总是有一股无名火时不时想冒出来发作一下。这火，发作的对象是公司引入的机构投资者负责人张驰，发作的目的很明确，就是要张驰还钱，发作的原因是因为张驰当初出的馊主意让自己白白掏了5000万元的真金白银。

自知理亏，张驰只能是随时配合着吴总的小火苗一直赔不是，发一次火就要赔一次不是，步点要准且不能请假。张驰一直在那里承认错误：这里面的确是有我们的错，当初没有调查清楚情况，不过咱们现在还是暂且放下这些小事先把上市的事情做好吧，我保证一定倾尽所能帮你上市成功以弥补我们的过错。

吴总也知道，这掏出来的5000万元已经确定拿不回来了，不过好在也没有跑到别人的口袋里而只是跑到自己控制的公司里了，损失也没有那么大。H公司现在的战术思想非常明确，那就是一切要以上市为重，拍拍桌子发发火也就是给自己消消气而已，就是盼着上市赶紧成功，用几个亿的资金来慢慢抚平5000万元的伤口。

财富有时候就是一个数字游戏，但是这个游戏谁都喜欢，且有着很多意想不到的功效。

这到底是怎样的一出戏码呢？故事说起来话还挺长，要玩个穿越一下子回到八年之前。

【购买资产　埋下隐患】

2002年，当地政府决定对一家集体企业进行清仓处理，由于企业模式落后活力不够所以价格也很便宜，吴总和一帮哥们脑袋对着脑袋一合计决定抓住这个机会进行创业。

政府卖企业那可不能随随便便，经过严格的组织审查和决策审批程序，认定吴总一帮人既不是破坏民族团结的敌对分子也不是挖社会主义墙角的投机分子之后，决定将企业卖给吴总（吴总也是这个企业的唯一竞买者）。

政府还说了，企业卖给你可以，不过我有个条件。

诸位，这句话的语言结构和逻辑思维是不是很熟悉并且是印象深刻，这不就是丈母娘嫁闺女的路数吗？丈母娘把未来的女婿叫到跟前，首先言辞凄苦地诉说一下自己把闺女养这么大不容易，然后话锋一转就是：可以把闺女嫁给你，不过我有个条件。至于什么条件，诸位自己回家各自总结去吧，就像最近刚在海淀区看到的鼓励大家拆迁的标语：各家算好各家账，莫信谣言莫上当。

政府卖企业的条件，倒不是很复杂，那就是要求吴总必须先设立一个有限公司之后再把资产买过去，至于是以刚设立公司的名义买还是个人买了之后再增资到设立的公司政府不管。

为什么会有这样的条件，笔者百思不得其解，曾多次尝试替政府找一个合理的理由，最后都是无功而返。吴总当时应该也没法想明白，不过为了能把这个企业早点搞到手，政府想怎样就怎样吧，就是手续麻烦点。

2002 年 5 月，响应政府号召，吴总和一帮哥们出资 500 万元设立了一家公司，这家公司也就是 H 公司的前身了（为了阅读方便，在本文中统一称为 H 公司）。H 公司的注册资本只有 500 万元，肯定无法搞定几千万的资产交易，最后吴总他们一致决定个人掏腰包买了企业资产之后再增资到 H 公司里。

既能满足丈母娘的条件，又能实现自己的目的，这个方案还算不错。

夜长梦多，说办就办。方案确定之后吴总立即跟政府进行了资产交易，并在 2002 年 6 月就把买来的集体企业的净资产打包全部增资给了 H 公司。

当时，虽然增资的活都已经干完了，可是 H 公司并没有履行评估验资、工商变更、财务处理等必要的程序，就好像夫妻双方喝了喜酒也入了洞房，结果根本就没有去民政部门领结婚证，这次增资截至当时并没有一个法律上可以承认的名分。

当然，吴总并不是不知道结婚要领结婚证，只是觉得两个人真心相爱要比那一张纸更加重要，结婚证晚些领也没关系。这就为后来的麻烦埋下了隐患，这还不是全部。H 公司紧接着进行了分立，根据分立时的资产评估报告，H 公司的净资产是 5700 万元，刨除分立出去的 200 万元，H 公司的净资产是 5500 万元。这个时候，吴总觉得可以趁着这个茬把增资的事情办一下了。

两步并作一步走，能省事的事情谁不愿意省事？

于是，根据分立时的那份资产评估报告，吴总等股东将原先 H 公司的净资产扣除 500 万元注册资本之后剩余 5000 万元向 H 公司增资，H 公司的注册资本顺理成章增加至 5500 万元。

感觉有点复杂？其实简单得很。说白了就一句话：吴总买了一部分资产向 H 公司增资，结果资产放在 H 公司账上几天却忘了及时办理验资手续。

不过事情总是那么玄妙，恰恰就是这几天的时间，阴差阳错地让吴总等几位股东付出了 5000 万元的代价。

【PE 献计　补足出资】

H 公司在增资完成之后后续还进行了一系列的股权调整，2002 的那件事情就好像历史的故事一样已经被尘封，没有人再去关注甚至没有几个人能够记得清楚，包括吴总几位当事人在内。打开这段尘封的历史的就是投资公司的张驰，而此时时光已经流转到了 2008 年，H 公司已经做了在境内首发上市的打算。

张驰对 H 公司的发展前景非常看好，不请自来主动跑到吴总那里要求增资入股。吴总起初是有些不太愿意的，觉得没有投资机构的资金企业也能够发展好也能够上市。不过想不到张驰的攻势实在是猛烈,大有不达目的誓不罢休的尽头,吴总最后还是没有熬住张驰的软磨硬泡,答应张驰可以以每股6元的价格持有H公司1000万股股份。

终于追求H公司成功,不过张驰并没有被胜利冲昏头脑,在双方正式确定投资关系之前,张驰要求对H公司进行初步的尽职调查,以保证H公司不存在首发上市的重大障碍。

张驰要求在结婚之前做个简单的检查这合情合理,张驰心想自己一直守法经营,企业肯定不会有什么大问题,也就爽快答应张驰调查:随便查。

就是这个简单的调查,把H公司2002年的历史陈账给翻出来了。

单纯从翻旧账的角度来讲,能把历史问题调查清楚的投资机构是好的投资机构。

张驰对吴总说,你这是属于自己拿自己的资产评估增值之后增加注册资本,属于严重的出资不实行为,要是带着这个问题上市那肯定是不能通过审核的。要是你这个问题不能及时解决的话,那我们也是不敢投资的,你企业都上不了市了,我还投他做什么,总不能陪着你一起等死吧。

别看我们后背上都长着翅膀,那是我们在天上飞来飞去跑项目用的,我们可不是天使。

当初这个事情吴总就是迷迷糊糊做完的,这又过去这么多年了肯定更是记不清楚了,再说自己也搞不懂中国上市那一套政策,让张驰这么一说还真的挺吓人的。

你们投资机构从来都是忽悠死人不偿命,传销忽悠要钱你们忽悠要命。

吴总还是有些不相信,有你说的那么严重吗?

张驰急了,我一年投三十家企业,每年有五六家企业挂牌上市,证监会那套标准我那是门清,什么叫做企业上市的硬伤,你这就是再典型不过的硬伤了。

这还碰上企业上市的专家了,听张驰这么一说,吴总也有些懵了,不信也得信了,赶紧问:“那该怎么办啊,总不能因为这点陈芝麻烂谷子他妈的就不让我上市了吧?”

张驰说,你这叫出资不实,只有一条路那就是补足出资,把你当时资产增值的5000万元以货币资金的形式补足。

吴总一听出了一身的汗:“你的意思就是说我一帮哥们要赶紧拿出5000万元来补足这个出资?”

张驰说,你的理解非常正确,你要是不把这个问题彻底解决了,我还真没法投资了,还跟你说你也真就没法上市了。

吴总真是有些想不明白:“这都六年以前的事情了,跟我现在的企业有什么关系,为什么要我拿钱出来?”

吴总一个人做不了主,还是赶紧回去跟一帮股东商量,又是一通脑袋碰脑袋的商量,最终商量的结果就是:上市一定要上,刀山火海也要上。要求补足出资那就补足,反正这钱不管怎样也是在公司里面,跑不到别人的口袋里去。

就算是在通货膨胀已经十分嚣张的2008年,5000万元也不是个小数目。钱不够,那就使劲凑,跟朋友借,跟亲戚借,实在不行砸锅卖铁,别管吴总他们用了什么招数,这5000万元还真就没难得住他们。

最大的问题解决了,那H公司也要向着企业上市的幸福前方快速前进了。以前是企业自己在那里折腾,后来是张驰陪着企业一起出谋划策,而现在企业正式请了中介机构,正式进入上市的轨道。

全力冲刺!

【券商意见　推翻历史】

保荐机构和律师进场对H公司进行了详细的尽职调查之后,2002年的那件事情又被翻了出来。事情被翻出来没什么奇怪的,关键是事情发生了戏剧性的变化。

项目负责人找到吴总劈头就问,2008 年谁让你补足那 5000 万元出资的?

吴总彻底懵了,难道我补足出资也有问题,那岂不是成了猪八戒照镜子了?不补,有人说我;补了,还有人说我。

吴总说:"张驰说我是自己拿自己的资产增值出资,上市肯定通不过,不补足出资就上不了市。"吴总突然想到了什么似的,赶紧问了一句:"难道做的还不对,你要是再让我找 5000 万元我可真找不出来了。"

项目负责人笑了:"吴总,这个你倒不用害怕,只是你那 5000 万元是白出了,什么出资不实啊,你当年做的事情本来就没什么毛病。"

到底该相信谁?

吴总问:"张驰不是说我 2002 年的出资是虚增出来的吗?"

项目负责人说:"你想想你的 H 公司短短两个月的时间能从 500 万元增值到 5500 万元吗,吹牛皮都没那么快,那 5000 万元明明就是你买集体企业的资产嘛。"

吴总恍然大悟,你这么一说我就明白了,当时我就觉得张驰说得不对,可是又一时想不起来哪里不对,就一门子想着上市也管不了那么多,照着他说的稀里糊涂给补足了 5000 万元。

吴总赶紧问:"那我把那钱再拿回来不行吗?"

项目负责人说:"你怎么拿回来啊,你投入公司的资产就已经是公司的了,可不是你想拿回来就拿回来的。"

吴总说:"那我分红,就分五千万。"

项目负责人说:"那也不行,企业上市之前分红可是大忌,说明你企业本身就不缺钱,那你上市还有什么必要呢。我的建议啊,还是算了吧,就算是你们股东为公司作贡献了,好在钱还在企业里也没有丢,反正大头都还是你们拿着。我现在倒是担心张驰一下子把这水给搅浑了,怎么跟监管机构解释。”

【轮番解释 徒增烦恼】

项目负责人的担心并非多余,并且在审核过程中成了现实。

不变成现实那才奇怪了呢。企业对同一个事情做了两个处理,你总得给我好好解释一下为什么要这么做,到底哪一个处理是对的,到底哪一个处理才是真的吧?

和稀泥容易,谁都可以和。从稀泥里找出一条明确的道路就不容易了,那才是本事。

没办法,有问就要有答,那就三军用命解释吧。好在真金不怕火炼,事实永远都是事实,有些不清不楚的地方说明白就可以了。这个问题看起来复杂,其实解释起来倒也理直气壮:一个企业在两个月内从 500 万元增值到 5500 万元,实在是有悖常理。

后面的事情不说大家也都能猜到了。H 公司上市之路还算一切顺利,较之近十亿元的募集资金,吴总曾经从口袋里掏出来的 5000 万元倒有些微不足道了。

在公司上市的庆祝酒会上,吴总半开玩笑地跟张驰说:“那 5000 万元你得还我,现在不还也得等你持股解禁赚了钱的时候还我。”

张驰也笑了笑:“如果到时你的公司股价能到一百块钱我就还……”

第九回：秋后算账

上市大喜庆功忙，法院不请自开张
股权转让是诓骗，秋后定要来算账

公司上市是一个巨大的蛋糕，它可以带给企业无限甜蜜。公司上市也是一个放大镜，可以把企业眼前的背后的事情都展示出来并且无限放大，任人评说。如果企业不选择上市，那么过去的事情也就过去了，没有人再去关注。但是如果企业选择上了上市，就要做好被别人倒查家谱秋后算账甚至是捕风捉影无理取闹的心理准备。

——题记

有人办喜事就一定会有人去赶喜,用一个时髦的词来解释这个现象,那就是:产业链。

企业上市成功那可是很大的喜事,登门道喜的肯定是少不了。政府领导,那是来抓政绩工程的,一定要找块金子贴到自己的脸上闪闪发光;税务局领导,那是来抓大客户的,以后企业有钱了这税收肯定也少不了;电视台或者报社的记者,那是来采编新闻,顺便来领礼物拿红包的……

还有很多人会来,鉴于排队的人太多就不一一介绍了,只介绍坐在主席台第一排的人。

大喜的日子,会不会有法院的人主动找上门呢?不可能吧,这已经不是排队的问题而是应不应该出现的问题。

刚刚上市的企业怎么着也不会自己给自己找麻烦做什么违法乱纪的事情,就算是出了点什么小差错,法院也应该暂时忍耐给人家留一些面子。人家办喜事你不来祝贺也就罢了,还上赶着来找不痛快,就有些过分了。

过分归过分,I 公司就碰上了这种过分的事情。法院是早不来晚不来偏偏等你上市了来,人家法院还说,你以为我愿意来,我也是没办法。

这就奇怪了,一个不愿意来一个不欢迎来,这两边都不欢喜的事情到底是怎么回事呢?这还得从 I 公司上市前说起。

【上市关头　股东出事】

2010 年的春节刚过,I 公司上市也走到了最后一步也是最紧要的关头,再过不到两周的时间就要经过审核了。如果能够顺利通过,董事长郑总自然要踏着诸多前辈的脚印昂首迈入亿万富翁的行列。

有付出才有收获,要惊喜必经折腾。深谙此道的上帝会非常公平地不会放过任何一个准备上市的企业,会让这些企业都要经历一些磨难才行。就在 I 公司敲锣打鼓向着胜利前进的时候,X 省根据上级指示展开了浩浩荡荡的扫黑运动。

这实在有些奇怪，扫黑跟I公司上市有什么关系呢，不会I公司跟黑社会还有什么关系吧？那倒不至于，不过I公司的股东刘东可跟这件事情有关系。

这是一次计划缜密、方案合理、措施得当、保障有力的扫黑行动，自然最后的结局也是成果显著。很不幸，刘东的老大被抓起来了，老大一看为兄弟两肋插刀的时候到了，于是为了戴罪立功就毫不客气地插了刘东一刀，把很多坏事都交代了，不管是自己干的还是刘东干的最后都说是刘东干的。

挨敌人一刀，伤筋动骨头破血流；挨朋友一刀，不是死也离死不远了。就这样稀里糊涂的，刘东因罪大恶极、恶贯满盈被判处了无期徒刑并处罚金5000万元。

刘东被砍了一刀，I公司则被点了穴道，本来顺风顺水的上市工作骤然停止，不能再前进半步。拟上市企业的一个重要股东发生了重大变化，导致I公司股权处在非常不稳定的状态，不再符合发行上市的条件。

步子是迈不动了，可是脑子仍可以高速运作，这就是中国点穴功夫的最大弊端，哪一天谁能一个一阳指把人的脑子都点得不转了那就真牛了。几十号人费了这么大的劲，好不容易马上就能成功怎么能半途而废了。

大家都不甘心，于是凑在一起让脑子疯狂转起来想办法解决问题。

【股权转让　江湖救急】

第一个突破口很快就找到了。那就是刘东持有I公司的股份只有4.99%，并没有达到法律规定的重要股东5%的标准，既然刘东都不属于I公司的重要股东，就算是变化了也不能认定I公司股权不够稳定。

突破口立即又被无情地堵上了。审核人员并不接受中介机构解释的理由，刘东可是I公司的发起人和创业的四大金刚之一，不能因为差那么一点点股份就认定不是重要股东了。再者说了，这事就算是我同意了，有着雪亮眼睛的人民群众会答应吗？以后把资料都挂在网上披露了，让广大投资者怎么想，一个公司都要上市了还有一个重要股东在牢里吃窝窝头呢，这个压力谁能扛得住？

一招不行再出一计，这就是中介机构的看家能耐和吃饭本领，优秀的中介机构要把看似无路可走的大问题最后鼓捣成条条大路通罗马的小CASE。

既然仅靠解释不能解决根本问题，那就来点实际的，刘东把股份都转让了行不行？这是一箭双雕之计，不仅解决了I公司上市的股权稳定问题，同时还能帮助刘东支付一部分法院判决的罚金。

审核人员开会研究了一下，认为这个方案可以一试，不能因为这件事情就让I公司没法上市了，其实I公司并没有犯什么大错，并且也是一个受害者。刘东在上市之前将股权全部转让出去也算是给了投资者一个交代，舆论的压力也会小很多。

方案批准，那就赶紧执行。企业上市之前的股权就连火星人都知道是宝贝，想找个买家卖个好价钱那并不是什么难事，不过这转让股权的事情根本就没给大家商量决策的机会。已经被警察带走没了音讯的刘东尽管是股权转让的当事人也没有了发表意见的资格，其他人的意见更是一并被忽略，公司第一大股东郑总直接就拍板买下了，定价是每股五块钱。

这个价格非常敏感，为什么要定为5块钱呢，郑总你要解释清楚。郑总说刘东当时入股的时候也就是一块钱，尽管这两年公司发展很快净资产增加不少但是每股净资产离五块钱还有不小的差距。看在刘东是我多年一起扛过枪一起打过仗的兄弟的份上，我就发发善心做做好人给个优惠的价格，5块钱是很不错的了。

郑总替兄弟办事已经考虑如此周到，那别人还能说什么呢，法院这头早就被那些在门口哭爹喊娘上访喊冤的受害者整得脑袋一盆糨糊，五块钱的定价也就没人提出明确反对意见。

就这样,刘东的500万股股份以每股5元的价格合计2500万元卖给了郑总。当然,可怜的刘东在狱中除了一堆买卖股权的法律文件之外并没有见到一分钱,这钱同样没有在法官的手里捂热,就被那些要不就是着急给兄弟疗伤要不就是着急给父母治病的受害人瓜分了。

【如梦方醒　秋后算账】

股权问题成功解决,穴道自然解开,I公司的上市工作重新回到正常的轨道。

要弥补曾经虚度流逝的青春,只能更加付出和努力。

I公司快马加鞭要把曾经耽误的时间找补回来,也就是在刘东的股权买卖一个月后,在当地法院卖完刘东的房子和家具之后苦苦思索还从哪里能找到钱的时候,I公司通过了发行审核并且取得了证券发行上市的批文。又过了没几天,以I公司上市为标志的一场资本盛宴准时上演,I公司股票发行价格为25元,郑总也就如愿地成为当地的首富。

I公司的上市成为当地的一件大事,当地百姓饭后有了讲述传奇故事的素材,也有了教育孩子要好好学习的标本,包括郑总在内的一帮公司股东那更是喜不自禁疯狂异常。

在这锣鼓喧天鞭炮齐鸣的热闹气氛中,也有苦着一张脸高兴不起来的,那就是法院。

等烟花爆竹噼里啪啦终于响完的时候,法院从烟雾缭绕中隐隐约约感觉到那个老郑是在欺负他们这帮法官不懂资本市场。刘东那500万股的股票现在看来那是要值一个多亿,结果被郑总以五分之一的价格就给买走了,明显是价格偏低。如果当初能够按照25元的价格进行股权转让,刘东的罚金不仅能够轻松加愉快地还清,还能够拿出一部分钱捐助希望小学以减轻自己的罪孽。现在倒好,那些受害人就跟植物大战僵尸里一波接着一波的僵尸一样时刻不让自己安宁，就好像钱都让我们这些做法官的给黑了似的。

不行，得找他们去。

你找我，我就认？开玩笑。白纸黑字的股权转让协议那是有法律效力的，哪能说改就改说翻脸就翻脸，你们执法者更不能知法犯法直接拿法律欺负人，这不是欺负我们百姓不懂法吗？

我找你，你认也得认，不认也得认。你跟我讲法是不是，那我还说你欺负我不懂资本市场呢，说你是欺骗我签署的股权转让协议呢，不然谁傻瓜加二百五把值25元的股票5元就卖给你了。

根据泼妇吵架规律，双方必须有来有回、针锋相对，这个回合轮到郑总反击：你这是不讲道理，上市前谁能知道这股价能到25元，万一发行价格只有3元你们是不是就什么都不说了，我吃亏了找谁去？

【市场问题　政府解决】

就这样，两家是互不相让，谁也不愿意轻易收手。

郑总现在贵为当地首富和当地第一家上市公司的董事长，在市长那里都是贵宾，自然没把法院放在眼里。法院的字典里从来都是欺负别人而不能被别人欺负，自然也很难咽下这口气，一副不达目的绝不罢休的架势，甚至嚷嚷着要去起诉郑总。

双方充分发扬了中国人对掐吵架的优良传统，唾沫横飞火星四射，大战几百个回合不分胜负，双方也各有不把对方消灭绝不鸣金收兵的气魄。

好事不出门，坏事传千里。一袋烟的功夫，百姓讲述的故事由传奇变成了离奇，教育孩子的标本由正面变成了反面。

市长一看，太不像话，又都没有人给两家找个台阶下，就决定亲自出马，政策就是各打五十大板。先批评法院这边，说你们这也太不像话了，本来I公司上市是当地一件大喜的事情，怎么能这么搅和呢，有什么问题不能过段时间再说？回过头来再批评郑总，老郑你也是的，赚了那么多的钱在钱包里，有时候也要体谅一下我们法院的同志，他们因为前段时间的事情压力也是很大，民事赔偿的事情一天不解决，社会的不稳定因素一天不能消除，别说法院同志就我的乌纱帽都还在脑袋上面悬空着。

掐架是个力气活，且只是图着嘴上痛快并没有明确的回报，双方掐的时间长了也有些后悔，就等着谁给个台阶赶紧下呢。

市长大驾，那都不是台阶了直接是电梯，那还不赶紧退让一步，给市长一个面子。

郑总先表态：我虽然抱回来一座金山，可是目前都还是纸面财富，就先从自己的腰包里掏出来500万元给法院救救急，等我的解禁期到了，会再回笼一部分资金帮法院解决剩下的问题。

法院也没啥意见了，本来这么没脸没皮地要钱除了争口气之外对自己并没有太大的好处，以前是怕受害者闹事这责任扛不住，现在市长出面了那责任就不单单是法院的而是整个市政府的了，那还有什么可坚持的？

就这样，这件上市后冒出来的颇有戏剧化的风波就暂时平息了。

市场的问题市长办。

第十回：不欢而散

情投意合创业早，一见如故相恨晚
无限风光乱人眼，意绝离别无欢颜

我们经常见到这样的故事，作为旁观者只是觉得很刺激很精彩，而只有经历的人才能真切体会到切肤之痛。中国自古是礼仪之邦，做事情喜欢讲同窗情谊、朋友交情，甚至将其视为人生中最高的信仰和追求。可是，残酷的现实不厌其烦地提醒着我们，在一个成熟和完善的市场竞争环境中，只有规则才是最根本的原则，是毋庸置疑的王道。

——题记

至今令王总心里一直难以释怀的，就是与王平一起投资办企业的事情，这甚至被王总自己评选为人生中最失败的一个决定。

不管结局是怎样地失败和让人耿耿于怀，光阴倒退五年，那曾经是一个美妙的开始。

夫妻双方不论最后闹得如何不可收场，他们都曾甜蜜地相爱过。

【相见恨晚　携手创业】

王总和王平是在一次朋友聚会上经别人介绍认识的，两个人都对电子行业有着独到的见解和浓厚的兴趣，两个人瞬间找到了共同的话题并越聊越投机，成了朋友和知己。

缘分，高山流水遇知音，相见恨晚。

有一天，王平突然向王总提议，既然两个人这么投缘并且对一些问题的看法非常一致，那不如两个人合伙开一家公司共创一份大事业。

王总觉得这个想法不错，这样一来两人不仅可以做一起喝茶聊天的知己还可以做共同冲锋陷阵的战友，岂不潇洒快活？

王总说："我没有多少本钱可以投资。"

王平说："那没关系，你不是自己琢磨出点新技术吗，你就用技术入股吧。"

王总说："那我的技术能值多少钱啊？"

王平说："技术值多少钱那还不是咱哥俩说了算，只要你说个数我绝对不还价，剩下的资金就由我和我太太来出。"

知识就是力量，知识也是财富。技术都可以拿来设立公司了，王总觉得自己的钻研还是很值得并且是有收益的，心里感觉很爽。

就这样，J公司快马加鞭地成立了。公司注册资本200万元，王总贡献了两项发明专利占注册资本的20%，王平占注册资本的70%，还有王平的爱人占注册资本的10%。

公司设立了,领导班子也该成立起来开展工作了。王总向王平提议,说自己就喜欢技术钻研,虽然对电子行业有些了解,但是对经营企业那可是一窍不通,就全权委托王平来经营,只要王平年底挣了钱别忘了给王总分红就行。

最后,王总还没忘补充一句,我主要是看好这个行业和王平你这个人。

这可不行,这有什么不行?

王平一再推辞,王总一再坚持,最后两个人还是按照王总的意见确定了。

J公司艰难起步慢慢运作起来了,王总也做出了自己一生以来最大的一笔投资。当然,王总也满心期待自己的投资能够为自己带来最大的回报。

【起步亏损　情有可原】

一转眼就到了年底,王总和王平两个人又坐在一起聊天。王总有心想问问企业到底有没有挣钱,但是又实在不好意思张口,就问了问企业的经营状况怎么样?

王平叹了口气摇摇头,说这个行业是不错,不过我们是家小公司要进入这个市场很难,现在还是举步维艰。王平最后还是没忘了一句,不好意思了,第一年没挣着什么钱,就更别谈什么分红了。

王总自然没说什么,也说不出什么。虽然他自己不懂企业的运行,但是他至少也明白一个企业走上正轨并且挣钱不是那么容易的。王总还在心里想,幸亏自己没有主动问,不然显得自己多小气似的,就算是不问人家不是也主动说了,这说明王平心里一直想着曾经的约定。

时光飞快,闲话不表,这一转眼的光景就又是一年。

这一年的电子行业发展与王总预期的没有什么两样,依旧是不可阻挡地蓬勃向上，很多企业就在这期间以一种不可思议的速度成长起来并且发展壮大。王总还是很佩服自己的眼光的，同时也对自己投资的回报有了更多的期待。

快到年底的时候，王平还是主动跑到王总的门上来汇报工作。王总半开玩笑地说，根据我的研究，电子行业今年的发展趋势不错，好多企业今年都发财了，我们是不是也挣钱了，有没有投资回报啊?

王平脸上仍是一脸的难色，就好像他从来没有开心过。王平说，你是坐在家里闭门研究觉得发展很好，真正要做起来哪那么容易，今年J公司还是亏损呢。这还不算，为了让咱俩的公司能够撑下去，我今年都把自己最后的家底拿出来去买生产设备了。

得，企业不仅没挣钱，人家连最后家底都投进去了。王总想，或许自己是站着说话不腰疼吧，自己还能对已经献身的人提什么要求呢?

王总还是继续坐在家里做自己的研究。王总继续研究，电子行业依旧火暴，而J公司的发展依旧雾里看花。

【持续亏损　怪事连连】

到了第三年的年末，王总想着怎么着这分红也应该来了吧，可是这次不仅分红没来，连王平也没来。

王总隐隐约约感觉有些不对劲，决定亲自跑到J公司去看看。王总转了一圈没有找到人，倒是看到J公司的厂房已经建起来了，漂亮的办公楼也开始打地基了。

现场找不到人那就打电话，王总差点把自己的电话打到火星去，最后终于找到了王平。

王总想上来好好恭喜一下王平，说企业现在发展得如此红火真是了不起啊。令王总没有想到的是，王平的脸上依旧是满脸的苦瓜，好像苦瓜就是王平的图腾一般。

王平说："发展好什么好啊，公司都快撑不下去了，业务难做得很。"

王总有些不明白："可是我看你厂房盖得那么大，办公楼都快要盖起来了，还说没挣着钱。"

王平说："这你就不懂了，这根本就不是我的钱，厂房和办公楼也不是J公司一家的，我们是替别人管理的。"

王总心里还是直犯嘀咕："你可别把我当傻子耍了，你的话我不相信了，我要看财务报表。"

一直坐在家里搞研究的王总虽然不是傻子，可是在财务报表面前跟傻子也差不了多少。王平把报表拿给王总看，王总还真没看出什么毛病，更何况报表上也没什么重要的信息，就知道J公司没什么收入更没什么利润。

王总找来公司的财务总监问，财务总监竟然是一个二十多岁的小姑娘。问她什么问题，她都是一问三不知，不知道的总是比知道的多，不过有一点倒又是明确的，那就是J公司确实是亏损的。

这一趟走下来，王总没有白来，他心里有了自己的判断。王总虽然是个书呆子，但是书呆子也有自己的世界和看法。

王总心里很不爽，但又不好直接发作，想着我就再给你王平一年的时间，明年如果你还是这样不明不白的，那我就要跟你算计算计了。

一晃又是一年，已经到了第四年了。

J公司的情况依旧如往常，只是厂房又扩建了，而办公楼也已经开始装修，不变的是王平依旧是找不到人，J公司依旧是止不住的亏损，财务总监依旧是问什么都不知道。

找个厂里的人了解一下情况吧，结果王总一个人也不认识，不过看着厂子里人来人往的，王总慢慢地好像总结出一个规律，也看出了一个秘密。

秘密就是：最大的厂房和漂亮的办公楼不是J公司的，而是大河公司的，大河公司是王平和他太太设立的，跟自己没有半点关系。J公司挣了钱就往大河公司的账上转，所以那个神秘的大河公司越来越肥，而J公司就是越来越亏。

【谜底揭开　分手摊牌】

王总想王平肯定有什么秘密瞒着自己，一定要找来问个清楚。

王平对王总的指责很不满，说："我辛辛苦苦运行企业，我也想把企业做好，可是做不好也不能怪我啊，投资本来就是有风险。你要是有什么不放心的，你可以看财务报表和审计报告，你不相信我，你应该相信专业的审计机构吧。"

"狗屁审计报告，去他妈的财务报表，我用脚趾丫也能明白经过包装的审计报告上是看不出什么东西来的。"狗急了还跳墙，兔子急了也咬人，王法没有一条规定知识分子不能发火爆粗口。

王平你都做到这个分上了，我也就不跟你客气了，王总想。王平对于王总的表现倒不生气却表现得很无奈，对王总说："你总是觉得我背着你藏着掖着什么东西，咱们之间最基本的信任已经没有了，要不你退出吧，作为补偿，你当初出资40万，现在我给你200万，这样够意思了吧？"

王总想J公司还不知道挣了多少钱呢，自己的股权肯定不止这么个价格，不过既然兄弟已经撕破脸皮了，再坚持下去也就没什么意思，退出就退出吧，投资了五年有五倍的回报虽然不是非常可观至少也可以接受。

王总安慰自己，就当自己做了一个梦，可是奇怪的是，这个梦过了很长时间也没有醒的意思，最后甚至成了王总的心病，怎么也挥之不去。

王总在心里还是一直盘算自己这20%的股权到底会值多少钱，不过又找不到一个计算的标准，总不能拿J公司那亏损的报表来算吧。

或许是苍天有眼，老天爷并没有让王总在这笔糊涂账里纠结太长的时间，一则小道消息就让王总差不多明白了自己20%的股权到底值多少钱了。

当地一家媒体的一个报道称,大河公司已经启动了国内创业板上市的计划,市里的领导都去参加了启动仪式,那场面……

这一下子,王总彻底爆发了,就好像沉睡了多年的火山,找到机会发泄一下必定要搞得汹涌澎湃不可阻挡。

王总找到王平理论,说:“大河公司肯定是拿J公司的钱设立的并且是把J公司挣的钱都转过来了,大河公司我也有投资我也有份,那么大河公司上市也应该有我的份,可不能就200万把我给打发了。”

王平也不干了,你是火山我还是泥石流呢。王平说:“大河公司是不是拿J公司的钱发展起来的,你现在已经无权干涉了,大河公司是不是要上市你更管不着了。你不会那么健忘吧,股权你都已经转让了,我们之间已经没有关系了,我们已经两清了。”

你欺骗了我!

你有证据吗?

第十一回：纸里包火

企业准备上市忙，忙着销售做假账
纸里终究不包火，掩盖阴谋无处藏

上市的好处，在当下中国资本市场发展现状的大背景下，那是一箩筐都说不完。有好处就有诱惑，有诱惑就必然有冲动。有条件上市的企业肯定想上市，并且是越快越好，于是这排队上市的队伍越来越长；没有条件上市的企业也从来没有打消创造条件上市的念头，并且也是越快越好，于是总有一些人想着去铤而走险。对投资者负责，最根本的就是要从一级市场的源头供应上把好关，这就要求发行人和中介机构能够有纯洁的心灵，当然也希望监管机构能够有一双慧眼。谢天谢地。

——题记

十一长假刚过，尽管大家都已经重新回到了工作岗位，不过大多数人都还没有从休假模式中完全转变过来。很多人还在迷迷糊糊地回想着跟朋友一起看球赛狂欢的豪放，跟家人一起去郊区野外忙里偷闲的恬静，要不就是想着什么时候能够把自己斗地主输的钱再赢回来。

做事情的人可以迷迷瞪瞪，可管事情的人要时刻保持清醒，单纯从这一点来看，这领导的觉悟就是比我们这些平头百姓要高。十一长假结束后的第一个工作日，监管机构的一个网上公告就把大家都弄清醒了，更加确切地说，给弄兴奋了。

【成功上市　一片质疑】

“哥们，知道吧，K 公司成功通过审核要上市了？”

“这个公司怎么从来没听说过，做什么的？”

“好像是做饮料的，我也挺奇怪的，这饮料别说喝过了我连见都没见过。”

“我也没见过，难道是走高端路线的，一般人喝不着……”

这是大家的议论，也是众人的疑惑。

如果企业是做机械零件或者软件工程的，普通百姓既吃不了也喝不下甚至都用不着，你说你是行业老大或者产业龙头，我们也就信了。可偏偏 K 公司是做饮料的，却又没有几个人喝过甚至听到过，这就让人怀疑只有两个可能：一个是这种饮料只给外星人喝，地球人喝不到，另一个就是这种饮料根本就卖得没那么好，企业有不能说的秘密。

中间隔着很长的假期，大家职业的敏感度下降了很多，经过这个消息的刺激，不灵敏的神经突然之间就都活跃了起来，一双双大眼睛不约而同地将焦点聚在一起盯着这个 K 公司。

K 公司为了能够成功上市还真是没少费心思，预披露和上会的时间就恰巧顶着长假的头和尾，这说明 K 公司早就捉摸透了大家的心理，就是趁着大家都在忙活着休假的光景想不声不响小心翼翼地上市。

够低调,不扰民,佩服。

一般情况下,这一招还真能起到作用,还没等大家有时间反应过来,预披露时间已到就可以审核了,弄得大家跟不上节奏。可是,K 公司是做饮料的,这个行业跟每个人的生活息息相关,既然如此熟悉那么反应的时间就可以节省很多,大家的兴趣也浓厚了很多。

别的业务可以不熟悉,可是饮料这个玩意我就不可能不熟悉。K 公司说自己是中国知名的饮料生产企业,每年实现的销售额在三个亿以上,可是你不在超市或者酒店里或者饭馆里卖你的产品,那你的饮料都卖到哪里去了呢,难不成都倒在下水道里或者卖到自己家里了,再不成就是卖到外太空了?

这样的质疑是非常明确且是合情合理的,并且这样的质疑根本不需要专业素养或者职业能力,只要稍微动一下脚趾就可以轻松完成。

因为没有门槛要求,谁都可以去质疑,质疑的人也就越来越多。

有人出招,就得有人接招,不接招就有可能被一掌拍死。当然,接招也有可能被一掌震死。

K 公司自然要找个理由向大家解释,理由主要是:公司产品属于特种功能的饮料,口味并不适合全中国的消费者,主要在特定的区域进行销售,所以有些同志不了解我们的产品甚至没看到我们的产品也是可以理解的。

【实地调查　露出马脚】

从逻辑上来分析,这个理由是绝对成立的。K 公司产品就在特定领域销售,每年实现几个亿的销售额是可能的,如果你没有去过那些特定的区域没有见过 K 公司的产品,那也是完全有可能的。

K 公司的人都觉得自己太有才了,这个理由简直不可辩驳。

可是,很多情况下,完美的逻辑并不代表事实的真相。令K公司没有想到的是,这个世界还真有为了真相愿意较真的人。

你不是说你就在特定区域销售吗,那我就去你说的特定区域去实地调查一下销售情况是怎样的。就这样,一路记者带着朴素和崇高的追求连夜赶到K公司所说的特定区域进行调查。

这是一种什么行为,这是打破砂锅问到底不达目的不罢休的行为;这是一种什么精神,这是一种不轻易相信逻辑更愿意相信真相的实事求是的精神;这是一种什么情怀,这是一种恪守职业操守只为真相奉献的高尚情怀。

诸位,请为我们的无冕之王鼓掌!

记者的第一站就赶到了K公司的经营所在地,也是K公司特定销售区域的核心地带。在记者的心目中,K公司产品在这里的销售应该是异常火暴的。

还真别说,在当地的超市里还真有这种饮料销售,这里的“超市”更确切地讲就是居民区附近的那种小卖部或者便利店。按照一般商业规则,饮料产品放在大型商场或者超市里更利于销售,可K公司的产品为什么不走寻常路呢?或许这就是K公司独特的经营模式,我们不能老是用旧思维看问题,记者这样想。

产品在特定的区域销售且销售渠道也并非传统的商超,看来K公司还真是有很多特别之处,或许K公司解释的理由是真实的充分的。不过有些奇怪的是,记者在小卖部里转悠了半天看到很多人去买饮料,为什么就没有几个人选择K公司的产品呢?

为探求一个究竟,记者找到了小卖部的老板问个清楚,话题刚开了个头还没有充分互动就直接演变成了诉苦会。老板说,别提了,听说这个牌子饮料给的提成高并且还不要先垫钱,就进了些货卖卖看,结果根本就没人买,这下都快过期了,厂家要是不及时回收我可就赔惨了。

记者问,你知道这个品牌的饮料吗?

老板也是迷迷糊糊地说知道一点,知道这是最近一段时间才突然冒出来的一个牌子,敲锣打鼓动静倒是不小,可惜消费者就是不买账。至于其他的情况,他也就不清楚了。

记者对于K公司信任的基础剧烈地晃动了一下,随时都有坍塌的风险。或许是这家小卖部的老板不会做生意所以饮料卖不出去,再换一家问问吧,很遗憾,记者得到的是同样的结果。样本再放大一些,记者围着这个城市跑了很多卖这种饮料的小卖部,结果销售状况都是很惨淡。

K公司的信任基石在残酷的现实面前摇摇欲坠,或许就差最后一根稻草。

记者还是不甘心,还要继续调查下去,他也不知道下一步他会找到什么,可能是巩固信任基石的砖瓦也有可能就是压死骆驼的最后一根稻草。

有没有可能K公司的产品主要是通过酒店和饭馆来销售呢,如果这两个渠道的销售顺畅,K公司实现目前的经营业绩也是有可能的。不能放过一个坏人更不冤枉一个好人,这是记者的使命,那就再去这些地方好好调查一番吧。

失望,残酷的现实依旧让记者失望。的确也有一些饭馆正在销售这种饮料,可是依旧是没有几个人买。记者最后看到的就是那一根稻草,在经过实地采访和调研之后,心里慢慢有数了。记者心里盘算,如果自己亲眼看到的情况都是属实的,那么K公司不论有什么样的能耐一年都很难实现几个亿的销售额。

【重磅新闻　抽丝剥茧】

真相,需要与大家一起分享。

记者回来之后,一篇质疑K公司的爆炸性的文章赫然出现在了各家主要财经媒体的头条。文章洋洋洒洒近万字,不过核心意思很简洁明确:

K公司产品四处找不到销售踪迹,涉嫌虚假销售和业绩造假。

这篇文章发表之后带来的效应既在预料之中又在预料之外。预料之中的是,这篇文章肯定会火;预料之外的是,没想到会这么火。不论是做过上市的还是接触过上市的,不论是看到过上市的还是听到过上市的,只要是跟企业上市有关的人都对这个事件倾注了百分之百的精力和热情,都伸长了脖子想一探究竟。

监管部门一看架势有些不妙,这事情要是闹大了,弄不好就会成为群体事件。作为监管机构,有些事情睁一只眼闭一只眼是明智的,有些事情置之不理就会追悔莫及。监管机构高调表态,要求保荐机构对K公司的产品销售状况根据有关法律法规的要求进行严格核查,不得变通更不得偷懒。

别看规则挺吓人,其实,这样的核查并不复杂,也没有多少技术含量,只要顺藤摸瓜一条线地捋下去总能知道那三个亿的销售额都是从哪里来的,那些产品最终都卖到了哪里,进到了哪些人的胃里。

功夫不负有心人,其实也没费什么工夫。

经过调查,K公司的客户经过剥茧抽丝最终都来到了大家的面前。不查不知道,一查吓一大跳,这些客户以前穿着马甲我们都不认识,脱了马甲一看都不是外人,都是K公司的亲戚。

这些客户里面,不仅有政府下属的单位,也有公司股东的亲属,K公司的大股东当然更是要亲力亲为,兄弟和小舅子都是企业的大客户。更加令人震惊的是,K公司的大股东还跑到一个村子里以每个身份证5000元的代价找到十多个身份证设立了公司来购买K公司的产品。

要演一出好戏,只有演员那远远不够,还要有经费。K公司先是从银行和政府那里融资近亿元,然后将钱分给不同的关联公司,然后再由关联公司来购买企业的产品。为了把戏份做足,大部分客户还真的是把货都拉走了,卖不出去就找个仓库储存在那里。当然也有个别的客户实在太懒,产品不拉走还直接存放在K公司的仓库,产品没有挪窝,可是K公司的业绩却是真真切切地实现了。

【浪潮退去　裸泳者现】

就这样,K公司这样一家没有什么技术含量也没有多少市场份额的饮料企业却在一帮亲朋好友的帮助下,打着业绩优良和市场领先的金字招牌,堂而皇之地通过了上市审核,差一步就成为中国最优秀公司的代表。

或许诸位要问,是什么东西支撑这帮人如此明目张胆?其实,既然他们已经准备这么干,就算是没有十足的把握也有七分的准备。只要K公司一上市拿到了大把的真金白银,这个窟窿很快也就补上了,大家该谁的钱还是谁的钱,该谁的利益就是谁的利益。

浪潮退去,裸泳者现。一起泡在海水里洗澡大家都是清白的平等的,退潮之后才能真正看清楚,到底谁穿了裤衩谁没有裤衩可穿。

市场一片哗然,监管机构自然也是有点尴尬。作为整个资本市场的管家和领导,光不好意思是没有用的,犯了错误总是要改正的,更何况是这种如此明确且已经昭然天下的错误。

在事实查清楚之后,监管机构以存在不确定事项为理由对K公司启动了会后事项的审核程序,并毫无悬念地以成本核算有问题而否决了K公司的上市申请。

尽管过程有些惊险刺激,不过结果还是令人满意的,毕竟这样的企业就不能登上资本市场的舞台。可是转念一想,大家有着更大的担心,业绩造假的企业是不是就K公司一家呢,是不是早就有漏网之鱼已经成功上岸?

希望没有,谢天谢地。

第十二回：斩草除根

本是花开一日好，还期似锦百花香
一夜骤雨狂风过，废墟桥头已无痕

这家企业会不会成为一家上市公司？这家企业会不会成为一家世界都有名的公司？这家企业会不会成为一家基业长青造福万代的卓越公司？当企业都已经不复存在，这样的追问有点无聊，也很无奈。

——题记

又是一年新春到,家家忙着放鞭炮。对于大多数人来说,辛辛苦苦忙了一年,到了年底都在忙着总结自己一年来的收获和喜悦,而冯总到头来只收获了一个梦,还是噩梦。

冯总把脑袋深深埋在胸间,头发早已经凌乱不堪,身边的手机电池早已经没有电也懒得去换,这倒也正好省事,免得别人来打扰自己。他已经把自己关在空空如也的办公室里好几天了,谁都不愿意见什么也不愿意说,只有当自己三岁的女儿在办公室外喊爸爸的时候,冯总才强打起精神走出在这里奋斗多年而明年之后再也不属于自己的办公室——回家过年。

这次我们不需要穿越时空界限,因为曾经发生的事情并不久远,甚至仿佛就在眼前,我们只需把时间回拨一年,仅仅一年。

沧海桑田,有时只需一年。

【科研成功　前景光明】

一年以前,冯总同样是在这间办公室接待市里的领导。领导高度赞扬冯总和L公司在高新技术产业领域的研发和创新精神,认为冯总的产品和技术不仅是为这个城市增光而且都是在为中国争气。

领导的夸奖甚是受用,冯总那也是意气风发,自己的团队历经五年开发的一项技术已经小试成功,如果明年能够有充裕资金的支持则可以批量生产甚至还可以实现盈利。如果一切顺利,L公司未来每年保持几倍的增长没有任何问题,企业在三至五年的时间里一定就可以成功上市。

冯总说,L公司的技术肯定是填补国内空白并且是世界领先的,L公司的成长和壮大不是我个人的事情,而是整个城市的事情也是整个国家的事情。最后冯总也保证,请领导放心,我们一定把企业做大做强。

下面应该是掌声,经久不息的掌声。

领导对于冯总的表态自然也是很满意,并拍板一定会全力支持L公司的发展，你需要星星我绝对不给你摘月亮，你需要躺着给你铺路我绝对不站着挡你方向。

领导的支持既是压力也是动力，归根结底还是动力。为什么领导的嘴都要称为金口，因为这嘴里除了唾沫星子之外那是要政策有政策要资金有资金，有政府撑腰的事怎么着都好办。

守着领导金口，这春节的假期还没过完，冯总就迫不及待地干起来了。购买世界上最先进的生产线，招聘最优秀的市场营销人员开始建立销售渠道，当然更不能忘了还要进一步加大研发投入，毕竟这才是企业的发展根基。好的设备加上好的人员，再有好的技术生产出好的产品，还有什么可以阻止这样的一个企业蓬勃发展呢？

势不可当！

L公司前期研发已经烧了不少钱，现在要铺开这么大的摊子资金有点小小的紧张那是必然的，公司把最后仅剩的厂房都抵押贷款了可还是有一个比较大的窟窿。这倒没有什么可怕的，刚才说了，领导的支持和鼓励可不是喷点唾沫听听掌声那么虚无，有时候这领导的话就是资金，并且是稳定的源源不断的资金流。L公司是市里重视并且大力支持发展的项目那早就是地球人都知道了，哪家银行会不给这个面子呢，资金的问题还真是没有难住冯总。

L公司上半年的发展一直都在冯总规划的那条快速而又光明的道路上疾驰着，油门一踩到底根本用不着想踩刹车的问题，因为前方看上去一片光明，连一片树叶的障碍都没有。

【紧急刹车　悲剧开幕】

道路宽阔而又平坦，车子自然可以跑得快一点，如果没有什么故障也不用踩刹车，这样可以快一点到达目的地。不过可怕的是，如果这时候谁要是踩了刹车，并且是紧急刹车的话，车子那就很有可能要到飞天上去了，再落下来已经……

悲剧，剧情正在徐徐展开。

就在L公司的产品要下线逐步进入少量客户试用的时候，市里的一个决定打乱了这个节奏。

为了响应上级政府的号召，市里决定从下半年开始建立一个高标准的科技园区，而不巧的是L公司的厂区正好也在范围之内，那就触及全国人民最敏感的神经——拆迁问题。

冯总起早贪黑好不容易把厂房设备刚刚调试到位，正准备甩开膀子搞生产呢，你这边要给我拆了，那肯定是不能答应。可是，市里的态度也很坚决，已经不再是曾经的为了L公司为国家争光政府什么都可以牺牲的态度了。

胳膊傍大腿，遮风又挡雨；胳膊拧大腿，不死也是残。

冯总一看政府那里根本就没有通融的余地，自己还在那里挂个国旗当钉了户把政府给惹毛了对自己和企业都没有好处。至少现在冯总还可以跟政府谈条件，等哪一个月黑风高的晚上企业被一群蒙面人强行拆除了，那就没有任何退路了。

冯总的条件是，要求政府尽快为企业置换一块新的厂区并且要给企业一定的经济补偿，以补偿L公司因此不能按时生产的损失。

政府满口答应，说那是自然的，企业的事情就是政府的事情，也希望企业能够体谅政府的难处。L公司的厂区准时拆迁，政府高新技术园区也是准时开建。可是，当冯总为了政府大局做了自己能够做的一切的时候，政府却结结实实闪了冯总的腰。

为了国家，我对你有情有义；可是你为了什么，竟对我不仁不义。

【政府反悔　资金链断】

政府承诺的置换厂房迟迟没有动静。打电话过去问，要不出差要不就是开会,有时候联络上了不过也就是扯一会淡,核心思想就是政府现在正在讨论科技园区的规划和开发,还没有时间开会来讨论L公司的问题。

政府忙都能理解,可是冯总等不了,高价买来的设备总不能就在太阳底下晒阳光浴吧,高薪请来的专家也不能都放了带薪长假吧?冯总最后一看,又妥协了一步,实在没有现成的厂房,你给我块地也行,我自己先盖一个简易的厂房凑合一下。

领导说,那我们研究一下具体的位置,而这一研究,一个多月又过去了,冯总连地的一根毛都没有见到。快到年底,银行的借款可有的就要还利息了,最最可怕的是,L公司在政府那里已经失宠的消息已经开始在那些债主中间传开了。

虽然L公司的资金链一直就不富裕,不过冯总还是有着周密的安排的。这一年,企业的产品可能实现少量的销售并实现盈利,同时一些已经确定的客户也可以提前支付部分预付款,而自己购买的生产设备还可以去抵押贷款,公司在及时偿还利息的同时保证公司正常的营运资金是没有任何问题的。

可是现在呢,就好像是家里来了强盗,房子和土地被抢走了,机器设备已经开始生锈了,产品也生产不出来了,拿什么钱来还债?

冯总着急,非常着急,不着急才怪。

年底债主上门那是老祖宗传下来的规矩,当年一个黄世仁逼死了一个杨白劳,现在是一群黄世仁逼一个杨白劳,L公司年底了要现金救急。

L公司危在旦夕。

冯总又退了一步,身后就是莫斯科已经无路可退,没房子没地那给钱总可以吧。政府可能也觉得有些理亏,这次倒有些痛快,第一批给了一千万,说下一批等会议审议之后再支付。可没过多久,领导又推脱市里财政紧张不能及时支付剩余的钱。

杯水车薪,这一千万根本不能帮助L公司解决根本性的问题。银行一看L公司抵押物都没了,那根本就不是要求偿还利息的问题,而是要连本钱一起还了。

这样的局面,冯总看得很清楚,这无疑就是把自己往一条绝路上逼。解铃还须系铃人,冯总这时候的脑袋还是清醒的,赶紧跑到政府那里求救,让政府赶紧救救自己,及时把政府拆迁的补偿款发给自己,先渡过难关再说。

领导的答复仍旧是没有什么创意,还是要开会研究一下再说。开会的过程也没有任何让人惊讶的地方,仍旧是遥遥无期。

【回天乏力　英勇就义】

政府仍旧不是在这个园林就是在那个度假村晃晃悠悠地开会,冯总这里已经是火烧眉毛身陷悬崖半空,眼看着求别人已经没有多少指望了,只能破釜沉舟向自己和自己的朋友求救了。

冯总首先把自己的房子和车子都卖了,可是这些钱显然更是毛毛雨,连给饥渴的土地挠痒痒的资格都没有。那就再向朋友借吧,曾经把酒言欢彻夜长谈的朋友这时候要么突然变得很穷,要么就干脆直接消失了。

就在冯总已经有点走投无路的时候,那些债主们把冯总最后的退路也给彻底堵上了。还没有等冯总把全部的朋友都联系遍,银行就已经迫不及待地向法院申请破产了。

就像一群野兽,瞪着冒着绿光的眼珠子争先恐后地要去抢夺猎物的一个胳膊或者一个大腿。

冯总苦苦哀求银行不要做得这么绝,至少再给自己一个机会,关键是给L公司这么优秀的企业一个机会,可是这时候,根本就没有人相信这一点。

政府都不管你了,你还说自己优秀,骗鬼吧。

故事最后的结局不用浪费任何笔墨去啰唆,一句老话就可以概括完整:破鼓万人捶。就这样,L公司以一种莫名其妙的方式有些悲壮地倒下来。

没有鲜花,没有掌声,甚至没有一张裹尸的薄席。

L公司或许有可能成为一段传奇,遗憾的是,还没等到这样一个机会,就被另一段传奇给弄死了。

第十三回：非同儿戏

上市相关无小事，斟酌审议且仔细
修辞文句莫大意，信披岂能是儿戏

对于企业上市这一制度来讲，公开披露的信息质量是基石。只有信息披露能够真实、准确和完整，才能保证投资者对于上市公司有准确的判断，市场对公司的估值才会合理，如果信息披露的相关规则不能严格被遵守，那么上市制度的很多设计都是空中楼阁。信息披露既然如此重要，那么也就是一件非常严肃的事情，不仅不能任意更改，处理不当还有可能需要承担法律责任。

——题记

万事俱备,只欠东风。这个词或者表达类似意思的词已经出现过多次,遗憾的是,每当这个词出现的时候,紧接着出现的场景往往不是诸葛亮神机妙算来了东风,而是刮来了一阵龙卷风。

没办法,如果一切顺利,这个故事也就没有与大家分享的必要了,稀奇古怪才有意思。

【明天敲钟　今天举报】

陈总一想到明天就要去敲响那期盼已久的神圣的钟声,心里就抑制不住的激动。老子终于熬到这一天了,明天怎么着也得使劲敲它两下,不然不够本。

陈总在上市的大军中已经是十足的幸运儿,没受到什么大的挫折和磨难,尽管如此,从 M 公司启动上市到今天也足足有三年的时间。要说陈总心里没憋着一股劲,那是不可能的。

陈总正稳坐钓鱼台地坐在酒店的套间里听财经公关公司对于明天有关庆祝活动的安排,手机的铃声非常不识趣地打断了财经公关的汇报以及那欢乐祥和的气氛。

一看是项目负责人的电话,陈总心里想着是不是讨论一下明天去哪里腐败,不然现在也没有什么业务问题可以讨论的了。

打交道打了好几年,做项目都做成好朋友好哥们儿了,陈总本想跟电话那头的负责人开个玩笑,可是还没等开口,就觉得气氛好像不对。

电话那头也没有什么废话,只是告诉了陈总一个他怎么也想不到怎么也不愿意接受的一个事实:暂时停止一切挂牌的准备和庆祝活动。

陈总知道这样处理肯定是有理由的,但是还是忍不住问了一句为什么。

电话那头显得心急火燎甚至有些气急败坏:“妈的,被举报了,举报信刚刚送到。”

陈总眼前一下子冒出来很多金色的星星，同时脑子里一片空白。

这举报有个头没个头啊，难道上市审核时那惊魂的一幕还会再次出现？

【举报迟到　躲过一劫】

企业做买卖就要跟别人竞争，那也就在所难免要得罪一些人。你可能说我做事从来不损人利己，做人从来是以德服人，你或许不得罪好人，但不代表你不得罪本来就心眼不好的人。

如果你在某某时候得罪了某人，等你的企业上市的时候，就是你的敌人对你进行打击报复的绝佳时机，甚至是过了这村儿就没这店了。你的敌人进行斗争的工具，绝大情况下就是网上披露的材料。

当然，陈总也深知这一点，不然中介机构就是棒槌，中介机构的辅导和培训就毫无价值。

企业上市都要进行辅导，作为企业老大及管理层你可以不知道上市制度，你也可以对公司治理懵懵懂懂，但是绝对不允许你忽略了企业上市环境的复杂以及即将到来的战争的残酷。

自从报送了企业上市的申请材料，陈总就一直在小心应付这样的事情，为了保证万无一失，还不惜血本请了专门的财经公关公司自始至终一路保驾护航。

就算是这样，那也是百密难免一疏，防不胜防。这也难怪，企业在明处，敌人在暗处，老祖宗早就教导我们：明枪易躲，暗箭难防。

就在陈总上市审核的当天上午，在宣布企业审核通过没过十分钟，审核人员就赶紧把中介机构的人叫过去，说有人举报他们招股说明书里面提到的市场占有率第一是假的，高山公司才是第一。

在场的每一个人都感觉好像背后被谁砍了一刀，脊梁骨上都是汗。这也太悬了，要是这封举报信早三个小时送过来，别说企业能够通过审核了,恐怕连审核的机会都没了。

这是哪家快递服务公司,服务真是不错。

三个小时,生死时速。三个小时前和三个小时后那是完全不一样的。

M公司现在已经通过审核了,除非你有天大的理由和本事能把死人从棺材里拖出来,不然棺材盖一盖就成了定论了。在这样的背景下,这封举报信的能量显然不能推翻目前的结果,只是M公司还需要费一些周折。

什么事情都是要讲道理的,不能别人说我不是第一我就真的不是第一了,企业上市要夹着尾巴做人,可是也不能任人宰割,我这个第一可是有充足的理由和依据的。

花了差不多一个星期的时间,中介机构挑灯夜战搜肠刮肚终于是攒足了解释的理由,审核人员见结局已无法改变那就干脆送你一程,也就没有再去深入追究,举报的事情算是有了一个交代。

难道还真是应了那句老话,躲得过初一躲不过十五?高山公司上次没把M公司搞死现在又要再搞一次,可是陈总心里想企业现在的确是没有什么把柄在别人手里了。

捣乱,还需要理由吗?

陈总问项目负责人是谁举报的,难道还是那该死的高山公司?

电话那头显然也乱了方寸,有些不耐烦:“我也不知道,我做项目十多年也是头一次遇到这种事情,赶紧买机票明天一早飞北京吧!”

【二次举报　上市推迟】

谢天谢地,飞机没有晚点。

最早的航班,陈总和项目负责人一路小跑到了监管部门,找到负责审核这个项目的审核人员。

如果中国允许个人持有枪支弹药,说不定审核人员早就手里托着双管猎枪等着他们了。

审核人员的脸在经历了多种颜色的交织变换之后已经无法准确形容了，还没等陈总他们张口说话，就劈头盖脸一顿臭骂，显然刚被领导批评的审核人员只能将怒气传导到下一站了。审核人员心里还在想：要是老子有枪，老子真想崩了你。

骂完了，平静了，审核人员最后问负责人：你们招股意向书到底修改了什么内容？

负责人仔细想了想，好像没有修改什么，都是严格按照规定的要求做的。

审核人员的火气一下子又上来了："如果你想不起来你犯了什么错误那就回去想想你这个项目还要不要做了，你们这个企业还不要上市了？"

见事态如此严重，几个脑袋立即发动迅速运转，仔细想想到底是哪里出了问题。

第一个取得初步进展的是财务总监，他一拍大腿突然想起来一件事情：以前披露的招股说明书我们还披露了一个签署了合作意向的合同，后来觉得这个合同签署的内容可能会有变化，就决定暂时不披露这个合同了。

项目负责人也好像一下子想起来了，赶紧补充说："我们判断该合同仅是一个意向合同，对发行人的生产经营没有重要的影响，所以没有披露该合同，也没有在披露文件里向投资者提示。"

恭喜财务总监，你的答案是正确的。就是这个问题，被陈总的老对手高山公司给发现了，然后就举报说公司的信息披露不真实，甚至存在虚假披露的嫌疑。

审核人员说："你说不重要就不重要了？你说不披露就不披露了？你知不知道你的竞争对手会专门找一帮人在一个字一个字地研究你的招

股说明书？别说你是一个几千万的重要意向合同突然不见了，就是一个句号突然间不见了要是有人把举报信送到这里来也够你们消化一段时间的。高山公司的第一次举报已经是够惊险的了，你们竟然还不吸取教训。”

陈总和项目负责人的脑袋就好像瞬间都被按上了弹簧一样，一个劲地点头表示真诚地承认错误。不过，事情已经无法挽回，审核人员还是转达了上级领导的决定：M 公司的上市事宜一切暂停，等事情搞清楚了再考虑挂牌的事情。

【苦等两月　化险为夷】

喜字贴上了，宾客到齐了，喜酒喝足了，就等着闹洞房了，结果这婚又结不成了。你说有多悲剧？

化悲痛为力量吧。定好的酒店先退了，邀请好的贵宾也通知暂时不要来了，已经制订好的庆祝计划也只能暂时取消。还有最关键的事情可千万别忘记了，通知交易所发布公告，告知广大投资者 M 公司的挂牌交易时间无限期推迟，明天准备进行股票交易的钱可以考虑先去旅游一下。

M 公司上市的进程就差最后一步结果被人一下子拽了回来，一切回到起点。

这叫一个憋屈，那又有什么办法？既然都走到这一步了，M 公司上市总不能半途而废，总得咬牙走下去，可是问题怎么解决呢？

那么既然人家举报说你把一个合同偷偷摸摸给弄没了是违规了，再把那个合同给补充进去，应该就算是消除违规行为了。可要命的是，那个合同意向暂时取消了，新的合作意向还不知道什么时候能定下来，总不能去拿个假的合同去圆这个事情吧？要是再让人给揪出来，可就连自我救赎的机会都没有了，所以这个险还是不能冒的。

有时候，时间就是最好的解药，M 公司只能选择等待。

等着公司新的意向合同能够凑到那个数，就算不是一个合同是多个合同只要是能够把消失的金额找回来那也算是有个交代了，至少我保证信息披露是真实的。

这个解决思路不错，并且对企业和中介机构没有任何要求，只需等待。等待的过程是煎熬的，尤其是这种就看着成功在向你招手你却是怎么也抓不住的等待。

当然，在等的过程中，陈总也没有单纯坐以待毙等死还是想了不少的法子。本来是下半年才签的合同现在赶紧先签了吧，本来不想签的合同我给你降点价你也就先签了吧，本来要跟别人签的合同也出优厚的条件给争取过来了……

功夫不负有心人，有付出总会有回报，经过一个月的努力，M 公司几千万的合同还真是又给凑齐了。

问题总算是有了一个结果，可是需要得到监管机构的认可才行。M 公司和中介机构又是做工作又是去解释，上报解释的文件修改了一遍又一遍，最后总算是过关了。

让企业上市的春风再次吹起来吧，在暂停了一个半月之后，陈总终于迈过了最后一只脚，敲响了企业上市的钟声。而此时，陈总心中的喜悦感已经荡然无存，留下的只是一个企业在上市过程中遇到的困难艰辛和惊险磨难。

道路是曲折的，但是前途是光明的，这已经不错了。不管怎样，M 公司最后还算是得到了一个圆满的结局，既然结局美好，过程有些坎坷倒是可以忽略不计了。

企业没事了，可项目负责人的账还没完。

陈总的企业发行没过多久，项目的负责人也接到了监管机构的罚单，因为在项目保荐过程中没有履行职责且信息披露存在瑕疵，被谈话提醒一次。这已经很不错了，要不是念在初犯且认罪态度良好，给你弄个虚假陈述的帽子,这可怜的哥们说不定此生就跟证券行业彻底说再见了。

企业上市公告的文件那都是合同都是法律文件,都是要负法律责任的,岂能儿戏?

第十四回：暗度陈仓

因上市遇人不淑，假名义暗度陈仓
身家败尽陷囹圄，再回首时只苍凉

资本市场的应有之义应该是聚集闲置资金为实体经济的发展提供帮助，不过，很多人把它看做是一个闪闪发光无边无尽的大金库，在诱惑面前就难免有人要打坏主意。资本市场很美好，可以把一家默默无闻的企业一夜之间变得世人皆知；资本市场很残酷，昨天可能还风光无限的企业今天可能就一败涂地无人问津。总之，资本市场很玄妙，很神秘，也很复杂。

——题记

广州,白云国际机场,如往常一样忙碌。

在步履匆匆的滚滚人流中,一位老人以涉嫌诈骗罪被警察堵在了出入境安检处,假护照等证件也被一并没收。他,就是本篇故事主人公,N公司的掌门人褚总。

N 公司伴随着改革开放的春风一起成长,经过二十多年的风风雨雨已经初具规模。褚总本来期望可以通过资本市场如魔术般的力量实现 N 公司更大的发展,而现在企业的生产经营全面陷入瘫痪,数百名员工没有了工作也没有了工资,现在唯一可以做的是在网上通过发帖的方式为自己的老板奔走相告。

褚总,这位坚毅的企业家本来可以华丽转身成为一家香港上市公司的董事长,现在却因为诈骗成了阶下囚,不仅自己辛辛苦苦创下的家业瞬间化为乌有,甚至自己的余生都有可能要在牢狱中度过。

人生之变幻,让这个强硬的汉子在资本市场面前彻底迷失了自己。没错,资本市场犹如充满魔法的力量让很多企业家极度痴迷,褚总也不例外。很多人想得到这位魔术师可以为你变出金山银山,有几位能够想得到魔术师或许也会给你变出一坨狗屎甚至是一枚炸弹……

【艰苦创业　上市跨越】

20 世纪 80 年代,当了五年兵的褚总从部队复员回到家乡。凭借着从部队里学习来的修理机械的本领,靠着微薄的积蓄从给人家修自行车缝纫机开始,褚总艰辛的创业之旅正式启程。经过二十多年的探索和拼搏,N 公司不仅已经成为行业翘楚而且多项研究成果填补了国内空白。

当进入新世纪的 N 公司需要更上一个台阶的时候,褚总却发现因为受制于资金的匮乏而很难继续实现自己规模扩张的梦想。而此时,受到最近几年资本市场狂热和上市公司强大募集资金功能影响的他,也渐渐有了试水资本市场的想法。

资本市场的水很深，我又不会游泳，我不能一下子就跳下去，应该先轻轻地尝试一下，褚总想。

在资本市场这个圈子里，只要你有想法并且愿意尝试好像总会有“贵人相助”。

没有意外，褚总的贵人也是如约而至。

首先出现的是一个叫做余秋的人，他是介绍褚总和另外一个关键人物认识的大媒人，后来这也直接变成了褚总一生最大的悲剧。

余秋掌管的某基金公司作为股权投资者早前已经成为N公司的第五大股东，余秋与褚总常有来往也合作愉快，现在N公司要上市了，余秋自然是义不容辞要好好出一分力。

余秋为褚总详细分析左右权衡之后，最终确定了N公司在香港上市的方案。当时褚总对于余秋那是极度信任的，就算余秋介绍褚总去地狱上市或许他都会毫不犹豫地点头答应。毕竟，他们既是商业中的同盟者，也是生活中的好朋友。

再后来，那个关键人物也是本故事的男一号在余秋的牵线搭桥下粉墨登场，此兄名叫汪峰。

没说的，褚总自然将汪峰这个大财神好生伺候且是言听计从。汪峰当然也是鞠躬尽瘁不遗余力，你的事情那就是我的事情，最后分析来分析去就确定了借壳X发展去香港上市的方案。褚总自然还是一切照办。

褚总如此相信汪峰自然存在很大的盲目成分，但是不可否认的是，汪峰后背上插着的两把刷子还是挺能唬人的。

汪峰，男，出生日期不详；中央财经大学毕业之后又跑到美国混了个乔治城大学的文凭，持有经济学和会计学双学士以及金融硕士学位；毕业后曾在一家外国企业任亚太区投资董事，后来干脆入了加拿大籍。这位老兄已经在香港资本市场厮混了多年，如果把曾经担任的职务都列出来，差不多都能够凑足一副扑克牌。

其实，这些简历都不那么重要，最关键的是他的另外一个身份，那就是X发展的执行董事。根据相关资料的说明，汪峰执行董事走马上任是在余秋向褚总建议上市的六个月之后。

【贵人相助　引狼入室】

汪峰找到褚总之后，自然开始了电吹风式的洗脑运动。首先说上市肯定是好的，甚至责怪褚总真是不开窍，现在才想起上市这档子事，要是早找到他公司早就上市发达了；再说一定要去香港上市，内地发行审核速度太慢且对很多行业挑三拣四，香港资本市场那才是完全自由的市场，你看多少大企业都跑到香港去上市了。最后，汪峰还不忘给褚总画一个大饼，用不了半年，褚总就会成为一家香港上市公司的大老板，而公司市值少说也在100亿元以上。

这最后一条才是最致命的毒药。前面的两条我又不怎么懂，你怎么说我就怎么听，这最后一条只要一说出来，谁也不敢保证哪个老板的眼睛能不直。

本来就算汪峰不怎么煽风，褚总心中这团小火苗就已经绷不住地着起来了，再这么一醍醐灌顶，得，彻底迷糊了。什么部队修炼来的沉稳谨慎的作风还是自己“不相信天上掉馅饼”的人生信条，都他妈的作废。

作废，统统作废，现在就是你说怎么干我就怎么干。汪峰指挥着褚总在一摞摞别说看懂就是保证不花眼都难的英文协议文本上签了字，为此，汪峰和大媒人余秋还分享了褚总不菲的好处费。

褚总或许已经看到了那个价值100个亿的热乎乎的大饼已经出锅，就等着自己去把它收入怀中。但是，令褚总万万没有想到的是，这一次，那是真真切切地引狼入室。

【技术难关 股份代持】

褚总怦怦直跳的小心脏尚没有完全平复,汪峰就风风火火地找到他,面露难色地说:“要操作好这件事情,还有一个非常大的技术难关需要突破。”

褚总眼中无所不能的齐天大圣都遇到了麻烦,这技术难关看来不小,忙问:“什么事情?”

汪峰说:“那就是境内企业香港上市几乎全部采用红筹模式,而红筹模式就必须考虑境外上市主体的设立。”

褚总除了能够在自己企业里鼓捣一下业务与技术外,对资本市场几乎一窍不通,还跟我谈什么红筹模式什么 VIE,那简直就是天大的国际玩笑。

褚总小心翼翼地问:“那我们该怎么办呢?”

汪峰脸上立马又恢复了自信的神采:“需要在境外设立一家公司然后来收购境内的资产,然后再以境外那家公司为主体到香港来上市。”

褚总就知道齐天大圣是有办法的,一看问题能解决心里很高兴,说:“那我们就这么干吧。”

齐天大圣又有了难处,汪峰接着又说:“如果以 N 公司的名义或者褚总自己的名义在境外设立境外上市主体都是有障碍的,因为 2006 年国家出台了文件,操作这个事情需要商务部和证监会来审批,而直到现在这两个衙门至今没有放行一家企业。这样的话,N 公司上市的目标就很难实现了。”

褚总现在已经被上市这个名头彻底整魔怔了,你要我怎样都行就是不能不上市,赶紧问有没有解决之法。

汪峰很干脆地回答:“股份代持。你看我不是外国人吗,我在境外设立一家公司到时候你把 N 公司的股份转让给我就可以了。说好了,就是我替你持有股份,等公司上市了我再把股份还给你。如果这样做的话,那我们上市就没有任何问题了。”

汪峰最后还不忘补充一句:“那 100 个亿的市值那也是指日可待啊。”

大饼!又见大饼!褚总的能量值正在急剧下降,几乎没有了抵抗能力。

褚总有些担心地问:“这样对我是不是风险太大了?”其实,褚总这一问已经有些多余了,因为他现在已经没有反击的能力了。

汪峰有些不高兴:“褚总你可不能不相信我,我为你的上市大计如此伤神费力,竟然落到一个不被人信任的地步,实在是让我寒心啊。如果真是这样,那我还是不要帮你做好了。”

褚总赶紧挽留,说自己不是这个意思。褚总现在满脑子想的就是香港上市公司董事长的身份还有那闪闪发光的 100 亿元市值,他怎肯轻易放走能够帮助自己实现大业的大贵人呢?

崩溃!彻底崩溃!

【精心布局　惊天阴谋】

其实,除了褚总之外还有人曾对汪峰提出过怀疑,并且人家的质疑是专业的且具有很强的杀伤力,这个人就是 N 公司的 CFO,也是曾经负责 N 公司上市的第一直接负责人。当 CFO 提出质疑并要求审阅汪峰所准备的一系列股份转让协议和股权结构计划的时候,汪峰意识到这对于自己是一个很大的威胁,于是,他以最高商业机密只能与褚总商量而不能让第三人知道为由直接越过 CFO 而与褚总直接会晤。

褚总又一次在一系列的文件上签了字,而这些文件他仍然没有一个完整地看过当然也看不懂,甚至在汪峰的巧舌如簧之下,连最关键的股份代持协议也省略了。

搞定,当然不是收工而是开工。此后,汪峰就挽了袖子甩开膀子放心大胆地正式操练起来了。

2009 年 5 月,汪峰首先在境外设立了一饼公司,不到一个月之后又马不停蹄地在维尔京群岛注册了二饼公司。随即,二饼公司与 N 公司股东签订了《股权转让及增资协议》,二饼公司受让褚总在 N 公司 74% 的股份同时向 N 公司增资 3000 万元。二饼公司在 7 月就将 3000 万元的增资款项由香港汇入 N 公司账户,并在验资后依法依协议变更了工商注册股东档案。此外,二饼公司还应向褚总支付其余 1800 万元股权转让款。

仔细想想,其实汪峰一系列的操作并不复杂,但是对于褚总来说足以致命。经过该一系列资本运作,汪峰通过二饼公司持有 N 公司的股份已经高达 90% ,牢牢控制了 N 公司。

猎物已经完全进入了预先安排好的埋伏圈,下一步那就要收拾猎物了。此时,汪峰已经偷偷露出了亮着寒光的牙齿。

【一波又起　步步紧逼】

N 公司香港上市的进程越来越深入,而褚总的心里却是越来越不安。眼看着公司一天天在向着自己梦想的目标在前进,可是他时不时要问自己:这个即将上市的公司还是自己的吗?

褚总把这个问题同样抛给了汪峰,汪峰从刚开始的信誓旦旦、义正词严到后来的闪烁其词、模糊不清直到最后的躲躲闪闪、闭门不见,这让褚总瞬间将心提到了嗓子眼。

当拿到 N 公司最后上市路演的详细材料时,褚总突然有点幡然醒悟的感觉,于是他决定终止这个看起来越来越荒唐的计划。可是,现在他的决定还有用吗,他还能控制得了吗?

更让褚总没有想到的事情还在后面,汪峰竟然还打起了官司,状告褚总诈骗。

岂有此理！褚总不仅自己二十多年辛苦创下的家业即将拱手送人，甚至还将因为汪峰的恶人先告状摊上牢狱之灾。很多人不理解，既然汪峰已经成功将别人的家底一锅端了，为什么还要挑起事端，再者说了打官司把这件事情搞得扑朔迷离对自己又有什么好处呢？

迷雾下的阴谋，往往并非那么简单。

有一个细节，汪峰是X发展的执行董事而N公司借壳的恰是这家公司，同时X发展的股价自借壳信息的公告之后就飙升数倍。江湖传言汪峰打官司或许也是汪峰不得已而为之，据说汪峰以及背后的团伙已经在二级市场投入巨额资金买入X发展的股份，如果借壳不成自然是损失惨重，他们又怎么会放过汪峰，于是汪峰只能让自己也变可怜，就说自己也被骗了。汪峰告状的理由并不充分，无非就是说褚总把3000万增资款转移到了个人的公司涉嫌诈骗。褚总说那些钱都去买设备了，设备都在路上，简单一调查事情就会很清楚。

让事件变得更加混沌和火暴的，是一个叫张华的人耍出来的手段——火上浇油。

张华，褚总曾经的老部下，三饼公司的控制人。褚总从河南郑州起家，后来为了更好地发展于是跑到沿海的苏州新设立了N公司，褚总就把三饼公司的经营权全部交给了张华并赠与其一些股份。虽然褚总仍是三饼公司的第一大股东，但对经营情况张华是了如指掌，于是，他的一份举报材料无疑给汪峰的告状增添了大大的筹码。

举报材料主要有三点意见：第一，褚总故意隐瞒了三饼公司虚假出资的法律诉讼事实；第二，褚总在未经三饼公司董事会和股东会批准的情况下，分两次伪造文件和股权转让协议骗取工商行政管理局核准变更登记，分别非法侵占了三饼公司46%和10%股权；第三，三饼公司的产品涉及的部分知识产权系别家公司的专利。举报材料不仅事实明确而且论据充分。

虽然张华的举报材料横看竖看不管怎么看跟汪峰的那摊子事八竿子也打不着，但是张华捅出来的这些事情显然比模糊不清的3000万增资款的去向更加具有爆炸性。

而且，就靠这个，汪峰可以理直气壮地认为是褚总为了骗取3000万元的增资款项在签订相关股权收购协议中隐瞒了重要事实，所以存在明确的故意欺诈行为。

好吧，就这样吧，该结束了。

褚总的上市之梦因为自己的无知而变成了一场噩梦，赔了夫人又折兵不说，更是声誉扫地。现在的他就算是浑身长着嘴都说不清，就连他的辩护律师都是觉得无从下手，就是这样一位在部队上练就了钢铁意志并且就靠这种精神发家致富的老兵，在风起云涌的资本市场却幼稚得像个孩童，让人无不欷歔。

第十五回：自食其果

上市规则大如天，切莫造假动贪念
境外惨遭退市劫，月亮岂比中国圆

不可否认，中国和美国的新股上市审核体制有着本质的不同，有些企业在国内真的很难上市而去美国或者其他国家或许就是一马平川。尽管两个资本市场有着诸多的不同，但是对于企业真实性和企业家诚信的要求没有差异，并且没有任何讨价还价的余地。美国资本市场对于首发上市规定条件和审核机制的灵活宽松体现的是对企业的一种信任和尊重，而我们千万不要总以为是境外上市容易甚至是境外投资者好欺负。如果你真的这么想了，后果很有可能很严重。

——题记

去美国！这是卫总在挣扎和纠结了半年之后作出的一个决定。

【条件限制　境外上市】

自从卫总做出了要上市的那个决定，消息就不胫而走。自此，卫总的办公室就再也没有消停过。

卫总一直都想不明白这些中介机构都在哪个角落里藏着呢，平时连个人影都见不到，这一有风吹草动就全冒出来了，并且这些中介机构一个比一个来头大，一个比一个难对付。递上名片一看，不是高级总裁就是联席董事，那都是高级领导。坐下来聊一聊家常，不是市委书记推荐的券商，就是副省长夫人推荐的会计师，再不就是什么贝勒爷推荐的律师，那都是皇亲国戚。

如同是人人垂涎的绝色美女突然放出口风要找个婆家，结果自然就是提亲的把门槛都给踩平了。提亲的，不仅有国内的中介机构也有国际友人，不仅语言水平杠杠的，给老板吹风和洗脑的功夫比国内中介机构那也要高出好几个数量级。

既然那么多人有兴趣，并且谁都说自己的水平很高，那就只能采取最合理的选拔方式了——海选。

才艺展示环节果然是异彩纷呈竞争激烈。每家中介机构都把企业上市说得天花乱坠，好像企业家不上市就白活了一样。每家中介机构都把自己说得跟活神仙一般，好像企业家只要不找自己运作上市就肯定上不了市似的。

卫总在这几个月的狂轰滥炸和耳濡目染中对上市或多或少琢磨出了一些门道，在专家评审表决阶段，卫总还是动了些心思。这选秀就要有选秀的规矩，不是你最好我就选你，还要看你是不是适合我，就像今年全国人民都喜欢假小子，你要是选个大家闺秀能耐再大也不行；如果今年全国人民都喜欢娘娘腔，你就是选个施瓦辛格第二也没人喜欢。

要确定合作机构,卫总得先想好去哪里上市。中国企业要上市,那首选自然是要在国内,不说别的,就看那超高的发行市盈率和广大投资者疯狂的投资热情,就能把其他障碍和理由统统消灭掉了。可是,天下没有免费的午餐,企业要想把股票在国内资本市场卖个好价格那是要付出代价的,要调查企业的出身是否清白,要调查财务和税收是否规范,要调查公司治理是否完备,甚至要调查你的七姑八舅祖宗三代。如果企业哪个小问题没有过关,别说卖好价钱了,你根本连卖的机会都没有。

记住,收益和风险永远都是成比例的。

卫总关起门来好好把自己和自己的企业斟酌了一下,最后觉得公司在国内上市非常不靠谱,就凭自己这几个月现学现卖的知识都能判断在国内上市没什么希望。国内讲究股权稳定,卫总和准太太一人一半持有公司的股权可是在国内还没结婚;国内要求企业盈利能力强,自己的企业去年也就两千多万元的利润;国内要求企业公司治理完善,自己的企业现在连个副总都还没有。

尽管中介机构每个人都还在那里拍着胸脯说你身材火辣脸蛋漂亮,你的小瑕疵我们不在乎并且随便动个小小的整容手术就可以搞定,可是卫总还是要坚持自己的判断,毕竟自己的企业还是自己最清楚。

国内没指望了,要不去国外试试。卫总心里没底,打个电话问一下自己感觉最好的那位选手吧,那位表现优越的选手我们称为赵刚。

电话打过去,刚一交代目的,卫总立马被赵刚反过来好好教育批评了一顿:“我就说你应该早点找我们吧,你这样的企业上市那是绰绰有余的,比你差很多的企业我们都做过,目前在美国股价都涨得风生水起呢。你就什么都别管了,上市的一切事情我们都帮你搞定,并且我们不收你的中介费,只要上市的时候给我们10%的股份就可以了。”

幸亏没有面对面交流,不然卫总真得预备一把雨伞来应对唾沫星子的袭击。

卫总还是有些不相信:“上市真有你说的那么简单?”

赵刚对卫总这样的上市态度有些不高兴:“你想那么多干嘛,你就告诉我你是想上市还是不想上市吧?”

废话,我不想上市我还在这里忍受你唾沫星子的侵蚀,不如去泡澡堂子呢。卫总只是脑筋一下子转不过弯来,在国内上市好比登天难的事情怎么跑到国外就变得简单了呢?我们的资本市场跟人家相比,人家都是爷爷辈的,难道美国的监管机构就那么好糊弄,美国人的钱就那么容易往外掏?

中介机构的世界或许局外人没法懂吧,既然赵刚有那么大的把握,那自己干嘛还费力不讨好地瞎寻思呢。最后,评委决定将上市事宜交给这位最优秀的选手放开去做。

就这样,在纠结了半年之后,卫总正式下了去美国上市的决心。

亲爱的美国投资者,我来了。

【起了贪念　做了假账】

外来的和尚会念经,更何况外来的和尚念外国的经。

境外中介机构的工作效率还真是挺高的,并且很多在国内上市看起来是铜墙铁壁不可逾越的问题到了他们手里还真就好像窗户纸似的一捅就破。不论是历史沿革、股权稳定,还是公司治理、规范运行,通通都是小菜一碟。

卫总一直悬着没敢归位的心现在终于可以放下了,境外市场和境内市场对于企业上市的态度还真是不一样。看着自己的公司慢慢地从一个浑身是毛病的丑小鸭变成了人见人爱的白天鹅,卫总真是打心眼里佩服这帮人的神奇。

卫总没有了担心和顾虑,就等着见证奇迹的时刻赶紧到来。

奇迹还没来,创造奇迹的人先来了。

有一天，赵刚跑到卫总的办公室，神神秘秘地问："我帮你请到的这家审计机构你还满意吗？"

这个问题就像是雾水一下子笼罩在卫总的脑袋上，卫总不知道赵刚不前不后不左不右地突然问这个问题是什么意思："我又不懂审计这个东西，我就相信你给我推荐的人。"

赵刚显然得到了他所期待的回答："这家会计师事务所在美国那是很有名气的，我的好几个项目都是他们做的，做得相当成功。现在就是有一个情况想跟你商量一下，你想不想多募集一些资金？"

又是雾水，更大的雾水。赵刚葫芦里到底卖的是什么药，这问题问的是东一榔头西一棒子的。

卫总只能顺着问题回应："募集资金当然是拿的越多越好了，我又不傻。"

赵刚又得到了他想要的答案："很好，如果想多拿点钱，那咱就把今年的经营业绩做到5000万。"

不再是雾水，是霹雳，把卫总炸得直摇头："那不行，肯定不行，你就是把我卖了把我杀了我也做不出来那么多的业绩。"

卫总的反应依旧在赵刚的掌控之中，赵刚拍拍卫总的肩膀："这你就不懂了，要是你能做到还需要我们做什么？我让会计师帮你做做账不就行了？"

卫总脱口而出："那不就是做假账吗？"

赵刚摇摇头："不能那么说，只能算是业绩调整。想想吧，你2000万利润能拿1亿资金，说不定5000万你就能拿3亿资金，这两个亿说不定你忙活一辈子都不一定挣得到，这样的好事到哪里找去。再者说了，就算是真有点小问题，你想想那帮美国人会坐了飞机倒火车，坐了汽车换三轮车之后跑到你这个小山沟里来调查你吗，你想让他们来他们还不愿意来呢。"

别的不敢说，倒是赵刚最后的理由打动了卫总，在中国造假到处都是熟人迟早都藏不住，可是要在美国山高皇帝远的谁能知道谁又能管得了？

干，为了那一辈子都挣不来的两个亿也要干，大不了就当自己抢了一次银行。卫总最后默许了赵刚的建议，把利润做大。

专业的就是专业的，什么问题都难不倒，一切为客户的利益最大化服务，这就是中介机构的价值。一帮人鼓捣鼓捣，不仅销售合同能给你做的没有任何漏洞，甚至连银行的对账单人家都能给你弄出来。你一个企业老是卖东西总不能没有现金入账吧，没问题，我让你的账上立马能够出现现金。

事情都做到了这一步，还有什么能够阻止成功。事情都已经做到了这一步，你可以想象这是多大的一个坑。不出事则罢，一旦出了事，这个坑可以埋不少的死人。

卫总的下巴差点砸到自己的脚，佩服，佩服。

【上市之日　倒霉之时】

功夫不负有心人。

经过三个多月的艰苦奋战，卫总的上市大业成功了。前面的工作做得很到位，后面的事情颇有点水到渠成的意思，就在阳春二月这个最美好的季节，卫总的公司正式在美国的交易所挂牌上市。

公司股票发行的状况还不错，上市之后的走势也很强劲，这让卫总感觉到了一种错觉。难道美国人真的那么好糊弄，我这样一个扔在水里连个水花都不打，站在大街上喊一声都没人回头，在中国以成千上万计的企业，真的经过这么一包装就麻雀变凤凰，成为美国人的投资热门股了？

错觉？错觉！

没过多久，一场变故代表美国人民转告卫总，你看到的的确是错觉。

卫总回到国内没几天，庆功宴的日程安排都还没有完全结束，美国一家专门研究上市公司并靠做空发家的机构对卫总的公司发出了财务造假的质疑。

假的就是假的，假的就不可能是真的。

外面只有一层经不起任何触碰的华丽外衣包裹着里面虚假的一切，而一旦有人挑破了一个小小的针眼，那么曾经美好的一切就会瞬间倒塌不复存在，虚假和丑陋会越暴露越多，真相也会慢慢大白于天下。

美国的投资者可以宽容你曾经的过失和现在的不成熟，但是绝对不会容忍和纵容你的欺骗和造假。

转眼之间，卫总的公司遭到了投资者的广泛讨伐。更要命的是美国的做空机制，说白了就是投资者通过股票价格的下跌也是可以挣到钱的，并且是你股价下降越多投资者会挣得越多，这就导致如果一家企业的股票遭到了广大投资者的抛弃，那么这家企业的股价也就会立马掉进万劫不复的深渊。

果不其然，没过几天，卫总公司的股价就从八美元下跌至不足两美元，又没过几天，企业被监管机构强制停牌并出具退市警告。

幸福来得太突然，卫总招架不住，灾难来得更突然，卫总已无招架之力。

出大事了，卫总想到曾经神一样的赵刚，结果电话已无人接听。

卫总，神也拯救不了你了。

公司股价已经跌到无人问津的地步，这还不算完，广大投资者在美国律师的煽风点火下组织的集体诉讼更是让卫总有些应接不暇。

卫总曾经挖的那个大坑，现在正在慢慢体现出他的价值，正在慢慢等待着倒霉鬼跳进来，埋掉。

卫总就好像是做了一个梦似的，做了一个去美国一日游的梦，他希望这个梦永远不要醒，可是一个接一个的电话让自己永远都需要醒着去面对那残酷的现实……

第十六回：南柯一梦

腾云直上数风流，对赌投行好运休
光阴流转身已旧，如是南柯树下梦

对赌协议，曾经只是个传说，而现在已经走入寻常百姓家，你现在要是不知道对赌协议你都不好意思说自己跟资本市场有关。国外的估值调整机制来到中国就成了对赌协议，就如同赌博，双方坐在一起谈判，我说你不能我说我能，最后谁也不服。一方说，你敢不敢跟我打赌，那边桌子一拍，我跟你赌，谁怕谁啊？开国内对赌先河的是境外上市的国内企业与境外投资银行的对赌，最后的结果几乎就是全军覆没，国内大规模的投资对赌由于时间尚短后果还没有显现，在一级市场估值越来越理性的情况下，不知道曾经无比激情的那些人，谁会被无情地拍在沙滩上。

——题记

人生如梦。

现在，蒋总彻底安顿下来了，也彻底消停了。他现在既不是央视标王企业的掌舵人，也不是被债权人追着屁股跑的破产企业的老板，而是一个因为涉嫌非法吸收公众存款罪而被羁押的囚犯。

好的，就让我们喘口气好好说说蒋总的这个梦吧，故事依旧要从20世纪90年代开始……

【疯狂成长　美梦开始】

1996年，对于中国现在的乳业两大巨头伊利和蒙牛来说，前者刚刚在上交所挂牌上市而后者还没有成立。就是在这个年份，蒋总在乳品市场敏锐地发现并及时付诸行动开创了乳酸菌这样的一个细分产业。

那一年，中国人没有多少人知道酸奶更没人喝酸奶，同样也就没有哪家企业想到生产酸奶。

别人没想到，你想到了，这个企业就成功了一半。别人想到了没做，你做了，这个企业就成功了一大半。

没有人想到酸奶，蒋总想到了，就凭着这一点O公司自始就走上了一条康庄大道。

顺风顺水，风生水起。

O公司产品上市当年就在香港被评为技术博览会的金奖，第二年快马加鞭以8888万元的价格赶了回时髦，成为1997年中央电视台的标王。说得专业些，这就是商业模式创新的力量；说得庸俗些，蒋总第一次真真切切感受到了跑在别人前面让别人追不上的风光。

故事下一步的发展大纲在所有人的预料之中，没有任何新意。O公司的风光和发展自从开了个好头就一发而不可收。

在铺天盖地的荣誉背后，O公司的销售业绩那也毫不含糊。O公司的销售收入从2002年的1.5亿元跃升为2005年的10亿元，公司净利润也从2002年的2000多万元跃升为2005年的1亿多元。至此,O公司在国内乳酸菌奶饮料行业的龙头地位已经完全确立且无人撼动。

当时,很多人迫不及待地发表了自己的结论:一个真正的乳业王国正在建立。

或许当时,蒋总在梦里都能笑出来。如果我们将梦分为前半夜和后半夜的话,那么蒋总前半夜的梦无疑是一个大大的美梦,甚至美得无以复加。

但是,梦的下半夜剧情却是陡转急下,不再是甜蜜的延续而是噩梦的开始。

【头昏脑涨　噩梦来袭】

蒋总和他的O公司成长的速度简直可以用坐火箭来形容,虽然蒋总反复告诉自己已经做好了充足的心理准备,巨大的加速度和冲击力还是让将总眩晕了。

和很多在鼎盛时期极速扩张的企业一样,O公司也因为扩张过快而导致资金链紧张。于是,当摩根、英联等境外投资者找到将总提出合作的要求时,蒋总迷迷糊糊地就答应了,很干脆。

我要跟你赌一把,你敢不敢?

赌就赌,谁怕谁!

英联、摩根何许人也?不用我在这里给大家做科普讲座,随便用搜索引擎一搜,保证立马喷你一身的血。

两家投资银行与蒋总的合作条件和他们做过的其他境内案例并没有什么不同,完全就是照方抓药。药方依旧很简单却足够要人命。

O公司在拿了人家7300万美元巨款的同时,也着实给自己戴上了一副枷锁,如果蒋总的公司三年内平均达不到30%的增长率,就要把控股权拱手让人。

天上没有免费的馅饼会掉下来正好砸在你的脑袋上,天上有一个铁球掉下来砸你脑袋上顺便给你一个馅饼补偿一下才是正常的逻辑。问题的关键是,你的脑袋能不能扛得住那个大铁球,别馅饼还没吃上就被大铁球一下子给夯死了。

如果说投资银行的对赌协议是一剂毒药,那么随后而来的花旗银行那就是药引子,不过这个药引子不是为了更好地救人,而是会让你死得更快更惨。

2007 年 9 月,在花旗银行的“盛情”之下,O 公司接受了花旗银行等国际六大财团提供的 5 亿元无抵押、无担保的低息三年信用贷款,花旗提供的贷款的月息为 5.12‰,而当时国内贷款基准利息为月息 7‰以上。

我去,难道我的祖坟冒青烟了,天上又掉下来个大馅饼。正当蒋总拿着从别人口袋里掏来的大把大把的资金美滋滋地要大干一场的时候,他碰到了或许这辈子都不愿意再去回忆的一个时间节点:2008 年。

2008 年,对于中国乳品行业来讲无疑是灭顶之灾,对于 O 公司来说自然也不能幸免。

地球的另一端,美国次贷危机以及而后席卷全球的金融危机,让花旗银行本身的日子也没好过到哪里去。花旗无米下锅,就想到了来向 O 公司索债,还要求拿房子和土地做担保。虽然 O 公司当时的经营状况已经不容乐观,但是蒋总显然不会轻易承认这样的事实,所以当时 O 公司打肿脸充胖子接受了花旗的所有要求,不仅立刻提前还贷 3000 多万元并且提前支付利息 1700 多万元。

但是,O 公司的诚意并没有得到好报,就在 O 公司将土地抵押给花旗银行几天之后,2008 年 10 月,花旗银行就向其提起诉讼,要求 O 公司提前偿还全部贷款。

福无双至,祸不单行! 这句话太准了。

2009 年,当 O 公司与投资银行的对赌期限已经到期而公司没有实现当初承诺的情况下，投资银行以再注资 4.5 亿元为承诺让蒋总交出所持有的 61.6% 股权。

真是老天要亡我了，不仅债主堵着大门要债，而且还有更加凶残的人直接要抢走控股权。至此，蒋总才真的有些慌了。

【政府出手　一无所有】

故事再一次落入俗套，企业不行，政府来救。

作为当地政府顶梁柱和标杆企业，O 公司的兴衰在一定意义上已不单是一个企业的事情。2009 年 1 月，政府决定注资 1 亿元给 O 公司输血并委托政府下属的大树公司托管经营 O 公司。政府还与投资银行达成协议，将蒋总所持的 61.6% 股权交回，由蒋总抵押给大树公司代为行使权利。

政府的出手本来给了蒋总和 O 公司一个很好的喘息机会，但是在内忧外患的大背景下 O 公司已经有些病入膏肓的意味，当家人蒋总也难有回天之术。

人世间很多事情都很奇妙，东西来得快去得也快，昨天还牛气冲天的一个企业怎么今天就一蹶不振了呢？

那么白衣骑士大救星大树公司有没有良策呢？显然，政府在拯救企业的路数上除了大方地花纳税人的钱之外，并不能在企业经营和管理上提供更多的帮助。当注入的钱花得差不多的时候，当已经没有钱来解决问题甚至问题已经不是钱能解决的时候，企业真的是没救了。

没救了，那我再来好好帮你一把：狠狠地补上一脚。

花旗银行在 2010 年 3 月向开曼群岛大法院申请对 O 公司进行清算，开曼群岛大法院委任香港一家会计师事务所作为 O 公司的临时清盘人，对 O 公司国内外的资产进行清算。就这样，在中国资本市场上出现了一件匪夷所思的事情，因为 O 公司注册在开曼群岛，所以出现了企业“被破产”的情况。

虽然 O 公司连续发表义正词严的声明表示花旗银行就是无中生有，O 公司不会被破产，但是撇开这个话题不谈，O 公司的彻底衰败已经成为不可更改的事实，曾经确立了龙头地位的遍布全国的加工厂最后也仅剩下公司创立老巢的那棵独苗。

花旗银行没有耐心了，摩根士丹利和英联没有耐心了，连最后的靠山当地政府也彻底失去了耐心。

于是，当所有的人都意识到 O 公司已经不行了的时候，一件陈年往事成为压死蒋总的最后一棵稻草。

稻草来了，你去死吧。

还是 2008 年，当时为了弥补资金上的短缺，O 公司向员工以高额利息的名义进行了大规模的借款，不仅如此，对于代理商的货款如果能够提前支付也可以获得丰厚利息。这些遍布全国各地的债权人本来一直期待政府和蒋总能够救活 O 公司，可是现在他们意识到已经没有盼头了，到了能拿多少算多少的时候了。于是，他们向公安部门举报了曾经的借款行为，他们向法院申请对 O 公司破产清算。就这样，蒋总因涉嫌非法吸收公众存款罪被抓了起来。或许有一天，蒋总会在监狱里看着自己一手创立的公司被瓜分殆尽，或许那对于他来说并不能算是一件坏事。

因为，梦已经醒了。

梦终于醒了。

第十七回：比翼齐飞

琴瑟之好情刻骨，愿做比翼鸟齐飞
横刀断水水不断，到头情了人难留

取名“比翼齐飞”，其实故事的本意是没有飞成，只是不忍心用一个凄凉甚至悲惨的词语去概括那段往事。取名比翼齐飞，更是对美好爱情的一种祝福，希望她不受任何力量的阻挡甚至伤害，不管这个力量有多么强大。这个故事，与资本市场的很多问题有关，但又没有太大关系……

——题记

往事不用再提，人生已太多风雨，纵然记忆抹不去爱与恨都还在心底……这是沈总最喜欢的一首歌，每次刚唱个开头就很难再继续唱下去，接下来就是一个劲地自己灌自己酒。

那场面，活生生就是一幕人间悲剧的后遗症，尽管已经看不到生离死别也看不到撕心裂肺，但是我们仍然可以猜到爱曾在沈总身上留下的印记和伤痛。

当爱，已成往事。

【青梅竹马　艰苦创业】

沈总和他的前妻吴晴在老家是邻居，前后脚出生，一起上小学，一起上初中，一起上高中。

就如同无数青梅竹马的故事一样，他们两个人的缘分好像在上辈子早就已经注定，因为这段缘分，他们在前十五年的岁月里形影不离如同一人。我大哭一声来到了人间你也必须赶紧降生，我上小学了别的男孩子欺负我你要替我挺身而出，我上初中了你要骑着自行车带着我去上学，我上高中了你也要好好学习我们一起考上名牌大学……

这是他们的梦想，也是人世间最美好的事情。可是，悲剧是什么，悲剧就是把最美好的事情撕碎了给你看。

快到高考的时候，一个小混混对吴晴耍流氓，沈总在履行自己光荣使命的时候下手过重，把那个小混混打进了医院。

沈总被学校开除了，父亲跪在学校门口请求也无济于事，因为被打的是县教委主任的孙子。就因为这孙子，沈总别说考大学了，连个高中的毕业证都没有捞到。

吴晴说："我在大学里等你，你明年一定要考上。"

沈总说："我再也不上高中也不会考大学了。"

每个年轻人都会憧憬美好的未来并作出自己的选择。当然，在小兵看来，至少有两种人是不用选择的：第一，你爸是李刚或者李嘉诚，可以选择在家睡大觉或者整天玩游戏，长大了衣食无忧想工作就工作不想工作就泡妞；第二，你是貂蝉在世或者潘安重生，可以选择天天对照镜子照，长大了找个干爹或者干妈罩着你也不错。

当然，必须郑重声明，这些都是生命中不规则的基因，一般不作为普通话题讨论。如果你不是上述这两种人，那么你对未来的选择就只剩下了以下几种：考大学、打工、创业。

打工，就是起早贪黑用汗珠子衡量最终受益多少的工作；考大学，就是为了以后能够找个好的工作，什么白领金领说白了就是为了更好地打工；创业，就是给别人打工不如自己当老板，卖个凉皮烧饼算是创业，卖别墅汽车也是创业。

沈总上不了大学又不想为别人打工，那就只能自己当老板了。创业哪有那么容易，沈总一年忙乎下来，卖过牙膏，干过装修，倒卖电脑，开过饭馆，事情干了很多，可往往是赔多赚少。

就在沈总有些扛不住，甚至怀疑自己根本就没有创业细胞的时候，吴晴毕业了，她决定放弃做白领为别人打工的机会，回到老家帮助沈总一起创业。

沈总说："不行，这样会耽误你。"

吴晴说："我们之间还说什么耽误不耽误？"

反对，坚决反对！如果说沈总的反对还有些欲说还休的意味的话，那么吴晴家里人的反对就是没有任何余地没有任何杂念货真价实的反对，冒死也要反对。

哪个家长希望自己的孩子往火坑里跳，更何况沈总给他们宝贝女儿的是一个深不见底的火坑，至少当时他们就是这么认为的。

公务员你不当，外企白领你不干，你要回来跟一个现在一穷二白未来也看不到希望的人一起创业。你以为创业是过家家看漫画呢，除非你把我们老两口挖个坑埋了要不就断绝父女母女关系，否则别想得到我们的同意。

中国家长威胁子女的手段就那么几套，广泛流传早已没有了新鲜感和威力。吴晴知道父母肯定舍不得她这个宝贝女儿，也知道自己更不会刨个坑把父母给埋了，所以，吴晴怎么想的就怎么去做了。

【家庭股权　埋下隐患】

如果说沈总是不思进取胸无大志，他会奋起反抗据理力争；如果说沈总是一贫如洗一穷二白，他只有默认接受的份儿。创业一开始什么都可以没有，就是不能没钱。

沈总说："我再去想想办法。"

吴晴说："我回家偷存折去。"

就这样，沈总的装饰公司以偷来的 5 万元作为启动资金正式开业。开业的当天，没有鲜花没有鞭炮也没有祝贺的嘉宾，没有这些并不代表开业当天就少了热闹，吴晴的父母还有弟弟坐在门前哭天抹泪痛斥自己的女儿(姐姐)心黑不孝。弟弟哭得最惨，说这钱是父母留给自己娶媳妇的，就好像是姐姐抢走了他的媳妇一样。

沈总说："我对不住二老，我一定好好干，以后加倍把钱还给你们。"

好好干，人生就要好好干；好好干，努力一定会有好结果。

不知道是天道酬勤还是沈总倒霉了大半辈子也终于到了转运的时候，没过两年，沈总的公司走上了正轨，开始挣钱了并且发展前景光明。

立业成家，也就是在沈总的公司赚到了第一桶金的那一年，沈总迎娶了吴晴。对于一个女人来说，这应该算是自己曾经的付出得到的最好的回报。

弟弟改口叫沈总姐夫，这姐夫可不是白叫的，弟弟立马就提出了一个要求："姐夫你看公司已经越做越大，也应该添个人手了，我就去你的公司工作吧。”

沈总爽快地答应了,说:“这是应该的,当初我抢了你的媳妇,这次你来公司好好干再挣一个媳妇回去。我做总经理,你和你姐姐做副总经理,我给你发最高的薪水。”

如果说爱情是花朵,那么财富就是肥料。没有肥料的花朵不管怎样也是生长地太过挣扎,如果运气不好就可能半路夭折;养料充分的花朵,虽然也有可能因养分过足直接烧死的危险,不过花枝招展阳光灿烂也更加有可能。

沈总的事业蒸蒸日上,和吴晴不被看好的婚姻也像重新爱过一样重生了。

重生?爱情可以重生,那叫玩浪漫;企业如果重生,那是破产重组,谁经得起这样的折腾?

其实,就在沈总一家人开开心心风风光光做企业的表面背后,一颗重量级的定时炸弹已经埋下,那就是公司的股权设置。

公司目前的股权结构是这样的:沈总持有90%的股份,吴晴持有10%的股份。诸位可能会问,当时公司设立时吴晴不是偷了家里的存折吗,那吴晴应该持有大头的股份。

这就是潜在的问题。吴晴心眼好,当初觉得股权在谁的名下不都是自己的,并且企业主要还是由沈总运作,自己就象征性地持有一些股权。

对于这样的股权设置,沈总也没有多想,不过迟早会有多想的人。

【上市前夜　股权纷争】

时间已经过去五年,沈总的企业一直在高速成长,此时,已经具备了上市的条件。很多朋友劝他上市,很多投资机构要他上市,很多中介机构找他上市。

沈总问吴晴的意见，吴晴说听你的。

既然上市有那么多的好处，沈总的企业也应该借这个机会进入一个全新的发展阶段，那么上市就进入了正常的计划。

公司上市是在非常严格的保密状态下进行的，不过再保密，沈总的小舅子是保密不了的，人家可是公司副总经理，并且还是家里人。

当小舅子把这个好消息兴高采烈地传到自己亲爹亲妈的耳朵里的时候，资深老股民沈总的丈母娘掀起了一场巨大的波澜。

别看丈母娘炒股没赚着什么钱，可是这么多年在股市里混，猪有几条腿是怎么跑的还是一清二楚的。丈母娘想，我可知道上市公司的股票那都是很值钱的，公司上市了我们家能分到多少股票分到多少钱呢，要知道当初公司设立的时候钱可是我们这里出的，是从我们的存折上把钱取走的。

小舅子一听老妈的话才知道上市原来还这么多说法，赶紧找几个明白朋友咨询一下，反馈回来的信息比老妈的更加耸人听闻，基本意思就是：你这个傻小子，还在那里傻乎乎地替别人打工挣辛苦钱，公司的股权就应该是你的，你早就应该是亿万富翁了，要是上了市你的身家都不敢想了。你就不动动脑子好好想想，你姐拿你们家的钱设立的公司不就是你的公司吗？

小舅子跑到沈总那里说："这公司是我的。"

沈总有些稀里糊涂，说："这公司就是你的，是我们大家的。"

小舅子说："不对，这公司是我的，不是大家的。"

沈总有些不高兴了，这都是谁给你灌输的这些歪理邪说，什么时候还分起你我了。

小舅子在巨大利益诱惑面前也有了一条道走到黑的底气和勇气："你别跟我说别的，这公司是我姐拿我们家的钱设立的，我们家的财产以后都是我的，公司就是我的，我要拿回属于我的股权。"

沈总说:“你小子不就是想要股权吗,那我给你,你想要多少?”

小舅子其实自己也不知道想要多少,把沈总的都要过来自己都不好意思,但是要少了又不能实现自己亿万富翁的梦想,最后一拍脑袋说要50%。

既然我的就是你的,你的也是我的,反正都是大家的,你要多少我给你多少,沈总答应了小舅子这个要求。

所谓滴水之恩当涌泉相报,没有吴晴和他们家里人的支持,自己也做不到现在这个状况,更何况股权放在小舅子手里跟在自己手里不都是一样。至少沈总是这么想的。

这个事只是沈总答应了还不行,中介机构不答应。开什么玩笑,你股权这样一折腾实际控制人就发生变化了,三年之内就上不了市,那我们还在这里自作多情忙活什么?

沈总找到小舅子,说:“你看,人家专家说了现在股权还不能动,要不就等上市了再说吧。”

小舅子不答应,小舅子一家人都不答应:“你这是缓兵之计,你就是觉得现在股权值钱了反悔了,不认账了。”

这一家子里当然不包括吴晴,不过现在看到双方交火激烈心里最难受的是吴晴。一边是老公,一边是老爹老妈老弟,左右都不是,为难了自己。

左右为难。

【彻底决裂　感情陪葬】

沈总有了中介机构撑腰,越来越觉得小舅子一家人有些无理取闹,企业做得好好的并且很快就要上市了,现在干吗非要动股权,等上市了钱还不都是大家的?

小舅子家也有自己的道理,股权在你手里你说什么话都有道理,以后上市了增值了，钱照样还在你的兜里，你想给谁花给谁花。什么专家的意见，明明就是推辞。

双方激战正酣不相上下。很快，一个人的一句话彻底打破了这个均衡甚至彻底结束了战争。

资深股民丈母娘出场，说了一句话："要不就分家吧。"

这分明就是要划清界限了，此话一出，覆水难收。

吴晴现在不仅是心里痛苦，而且还要痛苦地作出决定。

沈总说，我不上市了，我愿意把50%股权给你们还不行吗？没有意义了，破镜难圆。

吴晴回到娘家大闹一通，说你们这样做得也太不对了，你们就不能不要股权吗？但是，她不能也不会这样去做。

分家，只能分家了。

家已经分了，人还能在一起吗？虽然只是公司股权被一分为二，可是这个公司那就是沈总和吴晴两个人爱情的见证。

公司没了，感情碎了。尽管，他们两个人仍旧是天荒地、老海枯石烂地相爱。

最终，吴晴离开了公司，离开了沈总，去了国外，谁劝也没有劝住。小舅子最终分到了沈总一半的股权，因为吴晴坚持要把自己的股权留给沈总。

吴晴临走之前对沈总说，希望沈总把企业做上市，照顾好自己的父母和弟弟。

公司成功上市的那一天，沈总高兴地给吴晴打电话，希望她能回来参加庆祝酒会。吴晴拒绝了，但是她很高兴，一辈子都高兴。

往事不要再提……

第十八回：妯娌萧墙

一母同胞亲兄弟，相互平行无交集
公司股权生变故，祸端结怨是妯娌

其实，有时候觉得这样的故事放在资本市场这个利益场里去说有些残忍，不过，这样的故事只有放在利益面前去衡量才会更加极端更加特别。对于一个家庭来讲，和睦是最美好的；对于一个企业来讲，成长是最美好的。笔者希望未来这两个维度能够互相守候自己的领地，不要因为企业破坏了家庭的和睦，也不要因为家庭损害了企业的成长。这样的闹剧不再出现。

——题记

那头是一锅已经沸腾四处冒泡乱得不能再乱的粥，这头是兄弟两个一脸无奈相视无语不知道是应该盖上锅盖还是泼了稀粥。

左右为难，因为熬粥的不是别人，正是自己的老婆。

【兄弟两个　全无交集】

根据生物学知识，亲兄弟的基因都来自父母双亲，两个人就算是没有什么玄乎的心灵感应，但在性格上也应该不会差得离谱。可是，现实中就有公然违背生物学的，韩总和他的弟弟就是。

两个人就好像是一个天上一个地下，一半海水一半火焰，除了两个人都是男的之外，实在不知道还能找出两个人有什么相同之处。

韩总打小就不喜欢读书，喜欢做大哥玩警察抓小偷的游戏；弟弟从小就喜欢读书，为了读书可以不吃饭不睡觉，还没等到初中毕业就已经成功混了一副眼镜戴上，要不是因为有一个做大哥的哥哥，这样的书呆子天天受欺负那是肯定的。

长大了，韩总还是不喜欢读书，高中还没有读完，就实现了自我解放跟几个朋友去倒腾水果粮食开始做生意挣钱了。弟弟对读书的痴迷有增无减，从小学到大学那都是班里的第一名，大学毕业出国留学，最后干脆就选择做了美国人不再回来。

人各有志，不必强求。在美国的，就好好呼吸资本主义社会自由的空气；在中国的，就好好享受社会主义改革开放的春风。

两个兄弟的人生轨迹就像两条平行线，从出生那一刻起好似就很难再有交集，不过一件事情的发生，让两个兄弟又不得不直接面对。

一脸无奈，相视无语。

【开个公司　借个身份】

2001 年，韩总倒腾粮食慢慢倒腾出了一些门道，就决定设立一家公司正式创业，实现从游击队到正规军的根本性转变。

在公司的设立过程中，一个税务局的朋友提醒韩总，你不是一个弟弟是美国人吗，你为什么不弄一个中外合资企业，这样的话你的企业能享受很多的税收优惠。你的企业刚开始运作本来就缺资金，要是能省点税那还不是天大的好事。

这样的好事，谁都想要。这样的好事，不要白不要。

韩总马上给弟弟打电话，弟弟满口答应。

弟弟问："需要我做什么。"

哥哥说："你什么都不用做，我就借你的外国人的身份用一下就行。"

什么是亲兄弟？就是远隔千里也经常会在梦里相见，就是好久不见也会亲得就像从未别离，就是平时可以打破头吵破天但是一旦兄弟有难一定会第一个冲在前……

就像小时候韩总罩着弟弟一般，这次中外合资企业的设立弟弟也没有费什么心，他唯一要做的就是装模作样地以外国人的身份向中国境内企业投资，钱不用出，腿也不用跑，更不用费脑子。

【准备上市　股权纷争】

兄弟两人打的这次交道就好像是一次偶遇，双方互相聊几句，然后就是互道珍重后会有期，各自顺着自己的道路前行，又是一条平行线。

这条平行线再次有了交集，已经是十年以后。

十年以后，弟弟已经在美国成家立业娶妻生子；十年以后，韩总除了将弟弟干的事情一样不差地都干完了之外，还完成了人生的一个壮举，那就是韩总创立的公司准备上市了。

白手起家创业不容易，白手起家能把企业做大更不容易，白手起家把企业做大最后还能实现上市的就是壮举。

小兵在此向每一位完成这一壮举的企业家表示由衷的敬意。

上市，除了意味着企业家完成了壮举之外，很多情况下还意味着重新算账；重新算账，很多情况下还意味着纷争。

不清不楚，无休无止。

韩总白天在外面忙活着上市的准备工作，晚上回家就躲在被窝里算账。如果企业有一天真的上市了，那公司的股权就值钱了。

钱多了总是会有人眼红，在利益面前没有高低贵贱之分甚至没有亲戚朋友之别。为了以后避免出现不必要的麻烦，韩总觉得弟弟那25%的股权也应该给一个明确的说法了。

韩总回头跟公司财务总监（兼老婆）商量一下，财务总监意见很明确很干脆："要回来。"

韩总请示，那要不要给弟弟一些补偿？

意见依旧很干脆、很明确："不给！凭什么，当初他们一分钱也不给，既没出钱也没出力，公司是我们一点一点积累的，凭什么给他们补偿。"

不论对公还是对私，财务总监的意见都很重要也必须听取。没办法，韩总把这个意见转达给了自己的弟弟。

弟弟回答得很痛快，是谁的就是谁的，这股权本来就是你的，你什么时候拿回去都没有问题，我一点意见都没有。

亲兄弟就是亲兄弟。这份感情真让人感动。

不过，还没等韩总把这份感动彻彻底底消化完，另外一个人的电话就打过来了。

意见很干脆也很明确："凭什么，股权你说拿回去就拿回去，用得着我们的时候就用，现在用不着了就一脚踢开，这是什么亲兄弟，我看就是白眼狼。给你们两个选择，要不我们留着股权，要不就你拿钱来买股权。"

这个人，不说也能猜得到，弟弟的老婆，韩总的弟媳妇，韩总媳妇的妯娌。

至此，这场争斗（或者说战争）彻底改变了性质，从男人之间的理性探讨彻底沦陷为妇人之间的唾沫大战。在这场战争中，除了这两位，已经不可能再有主角，韩总和弟弟不说话就是最好的选择。

不然，说什么，支持谁？

【婆婆出面　拿钱解决】

“我的东西你凭什么拿走了不还回来，你快点给我。”

“你怎么证明这就是你的东西，不给不给就是不给。”

这就是这场战争的逻辑，混乱得一塌糊涂，这也就决定了这场战争如果没有意外事件发生根本就没有结束的可能。

战争要是一直这样进行下去，国家没事，黎民没事，可是这个家受得了吗？

婆婆看不下去了，两个儿媳妇为了钱隔着海隔着洋打得不可开交，成何体统？你让街坊邻居们怎么看，你让你的子女晚辈怎么看，你让你的长辈老人脸往哪里搁，就让你的老公怎么活？

最后这一点，最关键。就算“兄弟如手足，老婆是衣服”，砍了手脚会疼，脱了衣服也冷不是？你们这里越打越欢，你就让你们的老公两个大男人一辈子坐在那里不说话做兵马俑了？

对两个儿媳妇各打五十大板之后，婆婆总结了自己的核心观点：企业上市那是必须的，税收优惠不需要了，弟弟的股权还给哥哥也是必须的，哥哥给弟弟一些补偿（叫补助也行，谁让你们马上就要成为大富翁了）也是必须的。

女人的问题女人办，钱的问题用钱来办，没有比这再对路的解决问题的方式了。

婆婆都已经冒着枪林弹雨挺身而出，两位战争主角再怎么能耐也不敢继续下去了。最后，双方达成和解意见，韩总给弟弟一笔钱，算做给小侄子以后读书的资金,跟股权没有关系。弟弟也承诺把股权尽快还给韩总,物归原主,跟钱没有关系。

鸣金收兵,战争结束,可是这场战争并没有胜利者。战争的主角不提了,就说配角。韩总哥俩都是长舒了一口气,扭扭脖子舒缓一下由于长期低着头不说话而压迫的颈椎,两个人在酒吧里喝了一杯,再次作别。

哥哥保重。

兄弟保重。

后会有期。

这一别,又不知何时再见,更不知道这两条平行线还有没有可能再有交集。

关于上市公司，是一种投资

更是一种反思……

第十九回：瞒天过海

利欲熏心贼难防，里应外合套白狼

伎俩高明难瞒天，二十年岁对铁窗

在中国资本市场，因为违规的成本与其丰厚的收益明显不成比例，所以市场发展环境和广大投资者的利益经常在诸多违规行为的阴霾笼罩之下。公司治理制度形同虚设和内幕交易频发成为中国资本市场的两大毒瘤，而该病患一日不愈资本市场的发展一日不会顺畅。面对日益猖獗的内幕交易问题，监管层开始坚守零容忍的强压政策，并出台了一系列的惩罚措施，这会比20年的有期徒刑更有效吗？

——题记

2009年昆明的秋天，并不寒冷。

但是在昆明中院的高墙之内，对于被告席上的三个火枪手来说，心里却是已经拔凉拔凉的了。随着法槌一声清脆的声响，在中国资本市场上堪称风云变幻的一个大案终于落下帷幕。不过，比故事的男一号吴小飞的20年有期徒刑更加令人欷歔的，是三年前那场里应外合纵横捭阖的“资本运作”。

【故事开始　人物登场】

在这个故事正式开始之前，先隆重介绍故事的主人公给读者认识。

男一号：吴小飞。P公司的财务总监和董事会秘书，典型的有才无德之辈，而这个社会恰恰最怕的就是这样的人。无德无才之人会时刻盘算着怎样将公司的家底挪到自己的口袋里，但是苦于本事不到家也只能心里想想过过瘾；而无德有才之人则大大不同，他可以很轻易地通过自己的专业能力将别人口袋里的钱装到自己的口袋里，并且做得是那么冠冕堂皇天衣无缝。

男二号：吴小若。资本市场中早已经确立江湖地位的资本运作高手，很早以前靠着一笔小钱起家，通过在二级市场买卖上市公司股票的方式迅速积累起不菲的个人财富，现在不仅持有多家上市公司的股票，还成立了自己的资产管理公司。

男三号：吴小昌。最初跟吴小飞策划勾搭的人，虽然后来被财大气粗的吴小若给抢了戏份，可是其资本运作的能力也不容小觑。吴小昌和吴小若两个人曾经是某著名高校经济管理专业的校友，虽然两个人既不同班也不同届，但是出于惺惺相惜或者是臭味相投的缘分，两个人从第一次见面的那一天起，就亲密得像穿了一条裤子、长了一个脑袋。

如此看来，这还真是一个纯爷们的故事，不过千万别忘了另外一个关键的舞台，那就是P公司。故事主角再牛X，如果没有舞台也只能在大马路上溜达,那也不是一出好戏。如果没有这家命运多舛的上市公司作为大舞台,这三个火枪手再有本事也发挥不出来,也就没有了今天的故事。

P公司,身处中国西南部的一家老牌的上市公司,主营业务是矿产资源,一直不温不火地活着。最近这两年,P公司那是咸鱼大翻身时来运转,靠着最近这些年破铜烂铁价格的扶摇直上,公司的经营业绩和股票价格都有了华丽的转身。

【定向增发 被人盯上】

2006年6月,P公司公告了拟通过定向增发的方式募集资金的公告,定向增发的价格根据有关规则确定为10元钱。

对于很多人来说,这本来就是一个普通的上市公司的公告,没有什么大不了的。可是,公告背后却有着一双躁动的眼睛正在盯着,这个人就是吴小昌。普通人看到的是一个不能再普通的公告,而吴小昌看到的是白花花的银子。

吴小昌的躁动不是没有理由的。吴小昌看到了银子不是因为眼睛花了或者想钱想疯了,而是因为他对资本市场一些问题的敏锐观察,同时加上他知道一些别人不了解的事情。

当时中国资本市场正处于低位,P公司的股价也不算太高,而P公司的发展趋势决定了公司的股价迟早会有一个很大幅度的拉升,这意味着什么?白花花的银子。

吴小昌多年以来在资本市场摸爬滚打锻炼出来的敏锐观察力还是值得信赖的,后来P公司股价的走势证明也是的确如此。

当然,吴小昌躁动和自信还有另外一个重要的原因,那就是他的好朋友吴小飞。想想吧,上市公司的财务总监兼董事会秘书,公司里面还有什么事情是这哥们不知道的?

如果给你这样一个蹲在地上捡钱捡到腰酸的机会,你会不动心吗?

动心是动心啊，可是认购定向增发的资金从哪里找呢，要想挣白花花的银子首先你得有银子作为本钱。钱，只是有敏锐的观察力是看不来的，只是动动心思也是动不来的。

那怎么办呢？只能用上平生所学发挥专业特长了。老话说的好啊，知识就是力量，书中自有黄金屋，现在正好就是他们两个人通过知识创造财富的大好机会。

机会已经来了，计划的第一步先去找钱。

【惊天阴谋　三人策划】

你还别说，找钱的工作还真没难得住他们，并且是不干则已一干就是一票大的，一出手就是十个亿。有什么招数能够在短时间里找来这么一大笔钱呢？经典的手段：空手套白狼。

吴小飞和吴小昌联合设立了一家空壳贸易公司，然后在没有任何真实贸易的情况下，吴小飞就欺上瞒下以买矿产资源的名义向贸易公司开具了一张金额为10亿元的银行商业承兑汇票，贸易公司后来就拿着这张汇票去银行贴现换来了真金白银，他们用这笔钱来参与定向增发那可是绰绰有余了。

那背后留下的十个亿的大窟窿怎么办呢？肯定不能就一直在那里空着，他们是打算在挣了钱之后再拿钱慢慢买矿运到P公司把窟窿给填上。

钱是到手了，可是两个人觉得还是不行。吴小飞是P公司自己人肯定不能出面拿钱认购定向增发股份，吴小昌和他的空壳贸易公司要一下子拿出那么多钱来认购股份，监管部门不把你查个祖宗八代才怪呢，就算是你中了彩票，那你得中多少次才能攒这么多钱啊。

他们哥俩一致觉得应该找一个大家都知道很有钱的人和公司来把这故事的最后一步给圆满地合理化了。

必须还得需要一个高手帮忙。谁呢？吴小昌第一个就想到了吴小若。

这的确是个完美的人选。吴小昌和吴小若虽然没有一起上过一节课，但是同在一所高校上学的那段经历还是让他们建立起了深厚的感情，两个人对于资本市场的敏感度和认同让两个人觉得相见恨晚，并且这段深厚的友谊是一直延续到现在。更为关键的是，大家都知道吴小若一直是中国资本市场活跃的积极分子，这么多年积累个数亿的资产还是有一定可信度的。

万事俱备，还等什么？三个人已经迫不及待地开始运作一个庞大的"里应外合"的资本运作计划。

【计划实施　阴谋败露】

谢天谢地，P公司的再融资进行得很顺利。老天保佑，三个人庞大的计划在进行过程中也没有遇到任何的障碍，就好像事情的发展轨迹就应该这样进行才对似的。

吴小若拿了3.5亿元认购了3500万股P公司的股份，而吴小昌拿了1.5亿元认购了1500万股股份，剩下的钱他们准备赶紧去执行他们的补窟窿计划，就是买来矿产卖给P公司。

为了感谢吴小飞的鼎力相助，吴小昌分多次给了吴小飞几百万的好处费，当然这些都是毛毛雨，更大的蛋糕还要在后面一起分享。

到了2008年，P公司的股票价格已经很轻松地站到了20元以上，也就是说，三个人没有费一枪一弹就轻松地赚足了另一个五亿。

资本市场真的是遍地黄金且是钱多人傻吗？至少故事发展到这里是这样的一个局面。幸亏老天爷还有良心，出来混总是要还的。

真是一个天衣无缝的计划，如果不是因为另外一个大案拔出萝卜带出泥来，或许这件事情就会在窟窿填完之后尘埃落定。

可是，事情就是那么巧，另外一个案子不知道什么线索就查到了P公司的头上,这一查不要紧,十个亿的窟窿啊。

稽查人员差点没蹦起来,今年的奖金有着落了,大案子啊。并且,别看案子大那查起来简直就是轻松加愉快,毫无难度可言,案子没几天就查得清清楚楚明明白白。

市场一片哗然,想不到这样一个明目张胆的高达十亿的资本腾挪计划竟然就在群众雪亮的眼皮底下毫无障碍地完成了。

最后怕的当然还是P公司。想不到身后已经被人掏出了一个大大的窟窿,自己竟然是一无所知,更可怕的是,背后捅刀子的,竟然就是在公司领工资的自己人。

这叫什么?被人给卖了还在那里帮着数钱呢。

事情败露,那就好好算算总账吧。三个火枪手自然是高声喊冤,其中又属吴小飞喊得最高声,一把鼻涕一把泪,好像心中有着莫大的委屈。

他们自我辩驳说,我们可不是想骗公司的钱,我们只是汇票开具的时间有些早了而货供应的有些晚了而已,顶多也就是个合同违约的责任,怎么能说我们是欺诈呢?

如果解释有用,那还要证据做什么?

尽管把自己描述得比窦娥还冤,三个大老鼠也没能阻止冰凉的手铐。2009年秋天的一纸宣判,终于算是给这个电影大片画上了一个圆满的句号。

大片有续集吗?希望没有。

第二十回：闪转腾挪

曾因质劣遭弃去，今又风光往家回
不是腾达鸡变凤，如是去回是为谁

我国资本市场的监管有一个很有意思的悖论：因为我国符合上市条件的企业太多，所以在IPO阶段监管层是极尽手段大浪淘沙只留最光彩的那些金子；同时，由于上市公司在我国仍属于稀缺资源，监管层对于上市公司的溺爱又有些过分。上市公司的把戏总是层出不穷，而受伤的往往就是那些善良无知的投资者，而本篇仅是其中普通的一个案例而已。上市公司通过闪转腾挪可以实现不可告人的目的并大肆欢庆，投资者会被欺瞒一次两次，但绝对不会被永远欺瞒下去。

——题记

上市公司Q公司的一纸公告让股吧里的投资者是一阵欢腾，不用浪费唾沫多说什么，只要看看那没有任何悬念的让人心跳加速的“一”字就知道了。

这是一纸怎样的公告，能有这么大的能量？

【一纸公告　重大利好】

2010年3月，Q公司发布公告决定向旭日公司收购其拥有的大地公司。您或许要问了，一家上市公司收购资产就如同你要吃饭睡觉一样平常稀松，这值得有这么大动静吗？这就是您有所不知了，收购和收购没什么区别，可资产和资产有大大的不同。

有的资产是人见人厌，那也就有资产人见人爱，而大地公司明显属于后者，并且属于后者中的极品。这块资产最近两年的盈利能力那是相当的给力，就像是一头疯狂的现金奶牛，这头奶牛不仅奶水丰足并且产奶能力强劲而持续。

尽管资产的评估值较之账面值增值有五倍之多，投资者丝毫没有任何异议，因为谁都知道大地公司过不了几年就会很轻松地挣回来这笔钱。

Q公司作为当事人对于此次资产收购自然更是一百个愿意一万个乐意，并且豪言收购了大地公司之后过不了多久就会再造一个Q公司甚至是几个Q公司。

太激动了，太刺激了，这心脏都有点受不了了。一起受不了的，还有那Q公司的股价，就好像血压不稳的心电图一个劲地往上蹿。一个涨停不够，两个涨停还少，三个涨停不过瘾，四个涨停不满足……

如果不是大规模集体活动需要国家审批，股民们都想敲锣打鼓列队欢迎赶紧把这个大财神给迎进门。

就在这万众欢腾的动人时刻，还有一位投资者难得地还保持着冷静。老股民李刚总觉得不是那么回事，总觉得幸福来得有些不真实。死活想不起来,李刚也没放弃,等翻遍了这几年与Q公司相关的公告及新闻报道,再仔细研究了现在的公告内容,李刚突然觉得被谁捅了一下似的突然间明白了。

这让李刚想到了三年前同样是Q公司的一纸公告。

小样,你以为你换了马甲我就不认识你了。这说的,就是大地公司。

【曾经公告　资产剥离】

三年前,Q公司为了保证上市公司经营业务的盈利能力同时能够给广大投资者一个丰厚的回报,痛心疾首地决定将一块烂泥扶不上墙的劣质资产剥离出去。

李刚突然想起来了,曾经剥离出去的公司应该叫做大海公司,尽管这次重新收进来的公司叫做大地,可是李刚觉得两个公司有太多的相似之处。赶紧找些资料来看吧,有些事情根本经不起推敲和对质。

不查不知道,一查吓一跳。原来,大地公司就是曾经的大海公司,而旭日公司也早就是老朋友了……

曾经的大海公司可不是现在的金凤凰,而就是一只光吃粮食不下蛋的老母鸡。这样的资产留在上市公司那就是一个负担,于是Q公司做了一个决定。

我作了一个痛苦的决定……

2007年1月,Q公司突然发布公告决定将大海公司剥离,理由是大海公司业务刚刚起步,不能在短期内实现收益而陷入亏损中,加上当时该行业同样不景气且未来几年也不会有多大的起色,最终只能忍痛割爱了。

大家也能理解,谁让这个公司这么不争气呢,卖了就卖了吧。当然,尽量还是找一个好点的买家。

找买家的过程并不算周折,没过多久买家就找好了一家叫做旭日的公司。既然大海公司是一块烂到家的资产,那么价格肯定也是上不去了,最后2000万元的账面净资产经评估之后打个八折就卖出去了。

Q公司言之凿凿证据充分，并且决定是如此的痛苦，可是很多人心里仍旧有着一团迷雾久久不能消退。

当时大海公司所处的行业明明并没有Q公司说的那么悲观，且行业里其他的企业还是能够挣钱的，为什么大海公司偏偏就不行呢？大海公司到底是自己不行，还是Q公司与大海公司之间有着利益输送之类的不正当交易？还有那个神神秘秘的旭日公司，公告内容中除了名字之外只字不提其他内容，用床单好好包裹着，生怕别人揭了老底。

你疑问你的，你疑团你的，Q公司剥离大海公司的工作倒是一刻也没有耽误，后来很多人也就渐渐忘记了这件事情。再往后的一段时间，由于已经不在上市公司的公告范围内，旭日公司和大海公司也就逐渐淡出了人们的视野。

想不到这一次，这父子俩不鸣则已一鸣惊人，刚刚重出江湖就毫不客气，搞了个惊天大动作吓了众人一大跳。

【资产回归　身价飙升】

三年之后的2010年，Q公司一纸公告表面上看是上市公司捡了个大宝贝，实质上却是往事重提。

根据公告，Q公司将向旭日公司以股权和现金相结合的方式收购他们持有的大地公司100%的股权，大地公司评估定价为6亿元，评估增值率高达5倍。

就事论事，只要你的资产重组能够给上市公司带来丰厚的业绩和更好的发展前景，什么定向增发价格过低或者收购资产评估增值率过高的问题都被看作小小的瑕疵而已，完全不会冲垮投资者的心理底线，也不会影响投资者对整个事件的判断。

可是，大地公司竟然就是曾经的大海公司，那性质就完全不同。

关系有些混乱，局面有些复杂？其实很简单。

就是Q公司三年前将一部分资产低价剥离出去，三年之后再花高价买回来，只是中间这段时间这部分资产的名号从大海换成了大地以掩人耳目。

投资者认为，再明显不过，Q公司是着实作了一次冤大头，那到底是什么原因让一家公司治理规范、决策程序严谨的上市公司变得很傻很天真呢？

在商业社会，没有平白无故的冤大头，更没有舍己为人的活雷锋。

我反对，Q公司不承认自己做了冤大头。Q公司一直都是有理由的：三年前行业不好所以我低价剥离，三年后行业很好企业又挣钱了所以就高价买回来，曾经是为了投资者现在更是为了投资者。

我用心良苦，你们还想怎样？难伺候的投资者。

事实真的如此吗？Q公司真的有那么“苦”吗？

就在大海公司隐身遁世的三年里，其净资产潇洒地飙升了五倍，再看看其最近三年的经营业绩，那也是芝麻开花节节高，要不然也就不是疯狂的现金奶牛了。

有这么巧合吗？为什么大海公司在Q公司旗下就半死不活而一独立出来就生气蓬勃呢？

请不要再给我讲一大串的理由，其实最能够解释问题的理由都是不愿意说的。

【迷雾散去　精心布局】

原来，旭日公司那也是相当的不简单，股东就是Q公司的一群高管。Q公司当了活雷锋不假，可是这活雷锋人家是心甘情愿的，毕竟肥肉也没到了别人的嘴里。

三年之前，Q公司高管自立门户专门设立了一家旭日公司，目的其实有且只有一个,那就是准备接收Q公司即将剥离的大海公司。旭日公司在接管大海公司没多久,就急吼吼地赶紧给大海公司换了个户口,不仅名字改成了大地,连注册地址也离Q公司越来越远。

后面的事情我们已经了解。也就是在大海公司单飞没多久,其疯狂的盈利才华就展露无遗,或许是憋得太久了,一旦开闸就收不住了。

曾经的灰姑娘在短短的时间里一不小心就触动了魔法穿上了水晶鞋,一下子就变成了人见人爱的小公主。

Q公司着急啊,可得赶紧再把自己的亲生女儿要回来;旭日公司更着急啊,我又不靠大海公司帮我挣钱,我是要靠他套现啊。

心急吃不了热豆腐,要忍耐。这个方案如果操作的太心急难免会引起大家的注意,如果监管部门连方案都不批准,那可真是歇菜了。

所以,大家一起忍,终于忍到了2010年3月。

不过,人算不如天算,纸里包不住火,这事情还是被眼睛雪亮的群众一眼给看穿了。

投资者那个羡慕、嫉妒、恨啊,可是又有什么办法呢?Q公司的发行方案已经获得批准,而高管的丰硕成果也将会在不远的将来落袋为安,而Q公司这个冤大头也是做得自得其乐。

小兵更习惯将类似的故事称为闹剧,不过是在无奈之下被逼养成的习惯而已,因为这样的事情时常发生我们却又无能为力。

何为闹剧,不过就是有些荒唐让人发笑的一些无伤大雅的故事而已,可是这样的故事是闹剧吗?

你见过6个亿标的的闹剧吗?这样的闹剧有几个人能够看得起,玩得起!

第二十一回：偷梁换柱

想把信息看清楚，无奈眼前起迷雾
事物本真难做主，谁知是梁还是柱

股市是一个“大池子”，池子里面那可是满满的银子，谁的手都想向里面抓一把装到自己的口袋里，而手伸得最长、拿得最多的能是菜市场买菜的大妈或者卡座上拼命加班的小白领吗？不可否认，中国资本市场正在朝着一条光明无比的大道阔步前进，中国每个公民也都有权利分享资本市场发展成熟的胜利果实，可是想靠着自己的投资智慧在股市里发家致富就如同是猴子捞月。股市有风险，投资需谨慎，券商每次都把这句话以最小的字体印在角落里，广大投资者也是很配合地经常忽略掉，但笔者还是再次提醒诸位：股市真的有风险，并且黑手无处不在，风险时时刻刻。

——题记

没有任何征兆，一只大牛股又是横空出世！那牛气冲天的劲头，看样子没人能拉得住，还没等投资者缓过神琢磨出味道来，人家股价已经不管不顾地坐着火箭从12元窜到了20元。

尽管是牛得愣头愣脑霸道无比，但是资本市场也从来没有无缘无故的牛股。人家牛自然会有牛的理由，而理由就是R公司不久前的一则简短的公告。

【透露玄机　重大利好】

2009年一个秋高气爽的上午，在R公司的媒体答谢会上，公司副董事长杨总在一番客套之后，信手甩给了记者朋友们一枚重磅炸弹。

或许连杨总自己也低估了这枚炸弹的威力，不仅把R公司炸了个底朝天，还差点把自己都搭了进去。

杨总公布了一则对于R公司来讲那是重大利好的消息，称公司与美国最著名的一家烟草公司英美烟草公司建立了良好的合作关系，并即将签订合作协议。

乖乖，想想都带劲。

对于一直就靠烟草公司发家致富的R公司来说，能够傍上这样一个给力的大款，那白痴都知道意味着什么。没说的，投资者一定会给足面子，股价飙升那也是必须的。

看着股价如此不正常的欢畅，为了不收到交易所的处罚通知单，R公司在几天之后还是赶紧发布了一个公告，承认公司正在与美国的英美烟草公司商讨合作事宜。

杨总好好地将了R公司一军。

让我们一起为R公司光辉的前景而喝彩，让我们一起分享上市公司成长的胜利果实，这才是真正投资者的风采。

问："什么是价值投资？"答："这就是价值投资。"

【诡异减持　另有玄机】

别急,好像有些太乐观了。诡异的事情马上就要上演。

让大家敲破脑袋都想不明白的是,既然 R 公司未来有那么好的前景,为什么二股东却没有那么大的耐心和信心呢?就在 R 公司股价坐火箭的同时,公司二股东兼副董事长杨总却搭上了减持股份的致富高铁。

R 公司的股价短短半个月的时间里增长了近 50%,而杨总也就是在这短短的一段时间里减持了数千万股的股份,套现数亿元。

或许杨总因为房价太高缺钱买房子,又或者杨总觉得干活太累想找点钱安度晚年,再或者人家高人自有自己的战略安排……不猜了,要不当事人给我一个理由?

理由马上就会告诉你,不过很抱歉,这可能会让你非常失望。

一个月之后,R 公司紧急发布了一个一百八十度大转弯的公告,而这个公告看上去是一个解释其实更像是一个阴谋。

R 公司在该则公告中简短直白又有些不要脸地解释到:由于公司办公室人员英语水平不过关且办事马虎不认真,导致公司在翻译合作方名字时犯了个小小的错误。实际上,R 公司的合作方是 NATIVE 公司而不是 British American 公司,换句话说,R 公司合作方并不是美国那家显赫的英美烟草公司而是另外的一家公司。

那么,这家把投资者好好地闪了一下腰的神神秘秘的 NATIVE 公司到底是怎样的一个底细呢?退一步讲,这家公司不是美国老大是美国老二或者老三也不错,哪怕是前十名也行。

还是让这家公司的主人自己来介绍自己吧。这家公司的主人叫皮特,2008 年用尽毕生的积蓄设立了 native 公司,主要经营一些烟草代理和批发的业务,给你打一个最形象的例子,NATIVE 公司其实就是挂着绿牌子的烟草专卖局专供的中国的烟草小卖部。

【业务合作　实为做局】

有一天，杨总专门拜访皮特，问他："你这家公司就是著名的英美烟草公司吧？"

皮特赶紧摆摆手："老兄，你可别开玩笑了，人家可是全美著名的烟草公司，就我这两间寒舍打死也跟人家挨不上一毛钱的关系啊。就像你们中国，你能把村头的加油站叫做中国石油吗？"

杨总笑了笑，说："老弟，别那么死心眼，如果你承认自己就是英美烟草公司，那么我们会跟你签署合作协议的。我们可是中国的上市公司。"

皮特还是不同意："我不知道你们中国是什么样的政策，不过这种事情在我们这里可是不敢有任何造次，要是被政府部门给查出来了，那罚款数目我祖祖孙孙恐怕都还不清啊。"

美国佬就是死脑筋，这么不配合，杨总没有再说什么，离开了。本来皮特老兄觉得这件事情就到此为止了，没想到杨总在回国没多久就放出了这颗重磅炸弹。

皮特一看这还了得，赶紧关了小卖部，不远万里来到中国，就像曾经的白求恩大夫一样，他要以身作则来救赎我们资本市场中坏掉的东西。当然了，顺便也得把自己身上被杨总抹的黑给洗干净了。

皮特大老远地跑到中国，在媒体面前一把鼻涕一把泪地给大家解释事实的真相。大体意思给大家翻译并整理如下：这件事情可是跟我没有什么关系啊，都是那姓杨的小子自己想当然的，我可不想欺骗中国善良的股民，我们跟大家是一样的，可都是受害者。

如果说利好的消息是公司股价的鸡血的话，那么不利的消息比牛粪还牛粪。

没过几天，R 公司的股价就是一泻千里。股民失望到极点之后就是无尽的愤怒，一时间，扔向 R 公司的臭鸡蛋满天飞。

怎么办？一家公司你既然选择了上市，成为一家受公众监管的公司，总是要为自己的过错付出代价的，总不能就单单把屁股对着观众挨打吧。关键是，打你屁股你也感觉不到疼，根本就长不了记性。

没过几天，R公司还是顶不住了，又发布了一则公告，但是可怕的是，这则公告不是灭火的水而是助燃的油。R公司的公告称：鉴于本公司与美国NATIVE公司的合作条件尚不是很成熟，本公司决定取消与其合作的协议。

其实吧，跟一家小卖部的合作协议取消了也就取消了，没什么大的关系，关键是这则公告显得R公司态度不真诚，十分不老实。

投资者真的不干了。内幕交易！信息欺诈！严惩凶手！还我公道！就差上街游行、门上泼狗血了。

在这个和谐社会，群众的事情无小事，更何况是涉及上百万股民呢？监管部门再也不能躲在门后看热闹了。交易所的罚单R公司尽管是想躲但还是没有躲过去，R公司因为信息披露方面的瑕疵而被通报批评，相关人员也是被通报批评或者罚款。

你觉得处罚太轻，你表示很不满意？那你说，该怎么办，把他们拉出去大卸八块？

不满意也没有办法，最后再提醒大家：股市有风险，投资需谨慎。

第二十二回：作茧自缚

年底要发大红包，不是钞票是股票
股权激励有陷阱，作茧自缚金手铐

乐极生悲，人世间最痛苦的事情莫过如此。股权激励制度自设立之日起，可能谁都不会想到这样皆大欢喜肯定是双赢的一种制度竟然会被活生生搞成了悲剧，那发生了又能怨谁呢？只能怨自己。有时候我们的企业管理层在做决策的时候也不能老是想着战略和规划，有时候一点小的问题想不周全说不定就要饮下惩罚的苦酒。

——题记

今年过节发红包,那是必须的。可是,发什么呢?

购物卡,太俗套;打折券,没新意;人民币,还不错。如果是股票呢?那就太刺激了。

在这个人人都是股神个个都是投资家的年代,股票那是代表着数不尽用不完的财富。

2007 年,是中国境内企业实施股权激励的一个春天。2006 年年底,关于股权激励制度的法律文件全新出炉,对股权激励的实施进行了明确地指引,这让一直憋着且憋得很难受的很多上市公司终于有了一个发泄的机会。再加上中国当时冠绝天下的大牛市,所以 2007 年是上市公司实施股权激励"过了这村儿没这店儿"的好机会,上报股权激励方案的企业排队都不知道排到了哪里。

【股权激励 大方过头】

股权激励,顾名思义是对员工的一种激励措施,既然是激励那就得来点货真价实的东西,公司越大方员工自然也是越开心。你还别说,有的企业还真不是一般的大方而是相当的大方,比如 S 公司。

2007 年那个来得比较早的春天,春节没过多久 S 公司的很多高管就收到了比年终奖更加令人兴奋的礼物。

S 公司在公告中称,公司董事会和股东大会已经通过了股权激励计划,拟向特定的激励对象授予 1000 万股的限制性股票,授予价格为 20 元。

只有 20 元一个独立的价格或许你并没有什么心跳的感觉,不过你要是再看一眼 S 公司股票的二级市场价格,保证你就不能淡定了。当时 S 公司的股价已经逼近 40 元的关口,如果让时间就在这个瞬间定格,那么这帮天底下最幸福的员工就可以有足足一倍的收益。

这还不是全部。你还不能忽略的是,当时中国的股市牛气冲天,股指马上就要到达万点的理论那是不绝于耳甚至已经成为主流声音。可以很容易想象的是,激励对象这一次从S公司拿到的,那都是前途无量价值不菲的大宝贝。

S公司的大方和豪迈还不止如此。

大家都知道股权激励都是要有条件的,一般情况下都是约定公司经营业绩达到一定的目标激励对象才能拿到股票;换句话说,如果这帮员工不卖力气企业发展不好,大把的财富也是会付诸东流的,这也就是股权激励的应有之义。令投资者大呼意外的是,S公司的行权条件竟然是那么低,只要未来三年公司净利润复合增长率达到20%就好。

要知道,S公司所处行业可是一个朝阳行业,整个行业的年均增长率轻轻松松都有30%以上。这样看来,只要S公司的发展不是太离谱能够跟得上整个行业的节奏,那么这个大蛋糕就注定会成为激励对象的囊中之物盘中之餐了。

天上掉馅饼已经属于小概率事件,这漫天飞舞着馅饼到处乱砸的状况就更是不常见了。

S公司的公告一出,市场一片哗然,投资者的唾沫更是满天飞。这也不难理解,我们投资者本来是看好你企业的发展前景才买你的股票的,本来想的就是能够保值增值赚点小钱,想不到企业竟如此大方地把公司大把的收益给了公司员工,并且条件优惠得有些太不像话。

什么狗屁股权激励,最后只剩下股权根本就没见到激励的毛,高管怎么会有发展好企业的动力,简直就是赤裸裸的利益输送。

投资者是满肚子委屈,还要冒着自己的利益受到损失的风险,可是依旧不会有什么告状申冤的办法,最后也只能是很无助地祈祷这个有点变态的股权激励能够是一股春风一个利好,能够让公司快速发展让股价大涨,也算是高香没有白烧谢天谢地阿弥陀佛了。

没办法,这一次投资者只能算是"被激励"了。

【千虑一疏　酿成大错】

这一次不知道是老天爷看不惯还是心情好,终于要出来为我们弱者抱打不平了。

还没等投资者的怒气完全消尽,S 公司就为自己的过度大方而付出了惨痛的代价,而整个代价来的又是有些不明不白。

大家都知道股权激励对于被激励的员工来说是一把金手铐,想不到的是,这一次 S 公司把这把金灿灿的手铐结结实实戴在了自己的手上。

2007 年年底,S 公司锣鼓喧天鞭炮齐鸣地召开了庆功大会,庆祝公司成功完成了实现净利润 5000 万元的大关。有功的好好奖励,没功的也要沾点喜气,至少员工们都觉得这一年没白干。

好消息自然要与大家一起分享了,所以 S 公司还对 2007 年的业绩进行了非常乐观的业绩预告。没错,对于 S 公司这样一家小规模的企业来讲,今年能够取得 5000 万的销售利润的确是值得好好庆祝一下,毕竟是实现了战略上的增长。

投资者自然也是很高兴,S 公司拿出这么漂亮的成绩单,股价肯定能来一波威猛的行情,也让我们这帮股民发点小财。

可是,大家的好心情没维持几天,进场审计的会计师的一盆冷水就把大家浇得心里拔凉拔凉的。会计师来到企业鼓捣了几天,竟然告诉企业 2007 年亏损了。

当审计机构将审计结果拿到 S 公司的董事会进行初步审议的时候,全公司的人都傻了眼。他们每一个人都想不明白,为什么辛辛苦苦打拼一年挣来的丰厚利润经过会计师一调整竟然一分钱都看不到,并且还亏损了近 2000 万元呢?

董事会每个人后背都是凉的,要是这样的结果就是最后的事实,那公司经营业绩从巨盈到巨亏的转变谁能接受的了呢?公司不仅要接受投资者的口诛笔伐,想想交易所的罚单那也肯定是毫不含糊。

这事放在谁身上谁也接受不了。

明明车间里的机器转得呼呼的,明明工厂里拉货的汽车刷刷的,明明会计那里发票开得嗖嗖的,明明会计报表上的现金也是鼓鼓的,这企业怎么就可能被会计师给鼓捣亏损了呢?

想不明白。这不是开国际玩笑吗,是不是审计机构犯了大错误了?赶紧找来问问吧。董事长亲自上阵:“上市公司审计可不是闹着玩的,可不能有任何的疏忽,你可不能要淘气开玩笑,你要非常严肃地告诉我,我怎么就没挣着钱,那我挣的钱都去哪里了?”

会计师说:“解释就解释,谁有心情跟你们开玩笑,我们是有账算账。”

账到底是怎么算的呢,其实很简单,稍微想想就能想明白,但是如果当初没有想到这一点,那就是自己给自己织了个大网彻底把自己给包了进去。

【账目算清　自作自受】

S公司以每股20元的价格向公司员工实施股权激励,而行权价格与公司股票市场价格40元之间的差额要记入公司的管理费用,股权激励数量是1000万股,那么管理费用总额就是2亿元。S公司的股权激励期限是三年,那么公司每年要确认的费用就是6000多万元,而在其他条件不变的情况下,公司5000多万的利润确实没有抵挡得住公司大方的离谱的股权激励的侵蚀。

明白了吧,一目了然,没什么不明白的。

这下谁也没话说了,公司的会计处理是严格按照会计准则一笔一笔调整过来的,根本就无可挑剔。怪谁呢,要怪只能怪公司自己当时经验不足筹划不周了。

就是这样的一个考虑不周，把本来是一件皆大欢喜的事情彻彻底底给搞成了悲剧。

因为经营业绩没有达标，高管只能眼睁睁地看着大把大把的银子化为了泡影，本来大家辛苦一年就是希望能有个好的收成，结果最后却交出了这样一个不堪入目的答卷。

对于投资者来说，心里的苦水又能跟谁倒呢？公司股票本来可以在一个利好的消息刺激下来个反弹，结果最后是在公司经营业绩巨亏的巨大压力下一泻千里，纷纷套牢。

而始作俑者 S 公司呢，更是苦啊。

没办法，S 公司紧急发布了业绩预告修正公告，从预计盈利 5000 万元修正为预计亏损 2000 万元，由于业绩预告差异巨大还被交易所给予通报批评的处分。

到此应是整个故事的全部，其实还没完。

这件事情当时在媒体的煽风点火之下搞得满城风雨，很多次光荣地登上了报纸杂志网络的头版头条。很多人并不了解股权激励的真相，就知道 S 公司从巨大盈利变成了巨额亏损，感觉 S 公司经营不当已经日落西山，甚至过不了多久就要关门大吉似的。

当然，如果我们理智地研究 S 公司的有关财务数据，我们是能够明确判断 S 公司的发展是稳定且是向好的，肯定也是值得投资的。

可关键是，有几个人会那么理智？

S 公司本来是想体会一次化蛹成蝶的华丽转身，想不到结局竟然是自己吐丝将自己结结实实裹了起来。当然，只要 S 公司坚持努力，他们还是会等到公司辉煌的那一天，只是希望他们永远不会忘记曾经跌的跟头和吃的苦头。

第二十三回：欲盖弥彰

重组案横空出世，众人皆未曾相识
脱胎换骨终是梦，费力操持为钱途

就中国资本市场目前的情况来说，上市公司是中国无数企业中的精英代表。作为企业代表和精英公司，他们理应尽一切所能去发展自己的主营业务并获得尽量多的收益，以回报广大投资者。可是，很多上市公司的所作所为却是很令大家失望，不仅因为种种原因抛弃了主业，并且把很大的精力放在了股票投资和风险套利上，置广大投资者的投资利益于不顾。

——题记

T 公司的公告一经披露，广大投资者的眼镜又碎了，掉了一地。

事实再一次证明，在中国的资本市场里面，在中国的上市公司身上，就没有什么不可以发生的事情，并且是，没有最奇怪只有更奇怪。

【重大公告　资产重组】

2010 年 11 月，T 公司公告因有重大资产重组的事宜而停牌。未尽事宜，另行通知。

公告一出，T 公司的股吧里立即就是一阵骚动，就跟氢气和氧气发生化学反应一定会生成水一样，没有任何意外。没买进的后悔出手晚了，卖出去的又怪自己出手早了，当然还在坑里蹲着的就在那里捂着嘴偷偷乐了。

混迹过二级市场的人都知道，重组题材在资本市场几乎就是股价暴涨和投资挣钱的代名词。只要是资产重组消息一公布，不论是迎来贵客布施还是天上掉下馅饼，那市场给予的回应都会激烈加狂热，投资者的口袋也就准备装钱吧。

T 公司停牌的那段时间，大家等待的心情是煎熬的也是兴奋的，就像要见到好久没见的爱人一样，总是在那里猜测 T 公司会给大家怎样的惊喜？

是要将大股东的优质资产装进来给 T 公司补充点新鲜的血液？是要收购整合同行业的优质公司和资产让自己更加强壮？还是把 T 公司的一些烂摊子甩给大股东好让上市公司轻装上阵重新出发？上市公司重大资产重组的惯用招数投资者那是逐个想了一个遍，就像猜测自己马上见到的爱人今天会穿什么衣服喷什么味道的香水一样。

管他呢，不管 T 公司会采取哪种方式，投资者的心里都是美滋滋的。不过，如果当向你走来的你的爱人不是你一直想见的那个人的时候，你心里会是什么滋味呢？

T公司带给大家的，就是那么突然。

【另类重组　大跌眼镜】

T公司就是不走寻常路，广大投资者翘首企盼的重大资产重组方案竟然是参与某家上市公司的定向增发。

你说荒唐不荒唐！荒唐还是不荒唐呢？

你不能说这就不是重大资产重组，反过来说这还就是标准的重大资产重组，可是这样的资产重组实在不是我们投资者所希望和期待的。你这样的重组跟自己的主营业务没有一毛钱关系，说白了不就是拿着股民的钱去炒股逗大家玩吗？你拿着我的钱去炒股，还不如我自己拿着钱玩，再不济我去买基金也不去找你啊。

我日日夜夜地盼，我望穿秋水地盼，我心急火燎地盼，结果就盼来这么个怪胎。你们不要拦我，让我去死吧。

别冲动，想想也难怪。在这个全国搞上市全民做投资的激情燃烧的岁月，在这个做实业四处碰壁艰难辛苦的时代，上市公司跟普通人一样有了积蓄去炒炒股赚点小钱好像也不应该受到更多的非议，与时俱进而已。

对于投资者来说，你买了T公司的股票就当作买了基金吧，只是每天回家都要多了一门功课：烧香拜佛，保佑我委托的这两把刀的投资者别赔了就好。

根据重组计划，T公司拟投资不超过公司净资产的50%用于参与小草公司的定向增发。

T公司拿出如此大的手笔来参与这家公司的增发虽然很疯狂但也不是没有什么理由，人家T公司现在就是小草公司不大不小的股东。从市场上的规则来看，作为一家上市公司的股东，一般来说还真是有友情赞助再融资的传统，不过T公司这人情奉献的怎么看怎么都有点过了。

回过头来，我们再说说这家小草公司到底有什么样的魔力能让T公司如此痴迷吧。

小草公司,中国某某行业的龙头级企业,所处的行业一片朝阳,关键是人家的整个增发的进程,二级市场的股价走势简直就好像是他们家养了多年的宠物一样,非常乖巧地配合着小草公司的整个增发工作。

2010 年 5 月,在一系列不好的国家政策信息的影响之下,小草公司的股票价格也从 40 元下降到了 20 元,也就是在这个时候,小草非常适宜地公告了自己的股票增发议案,并且锁定了自己的股票增发成本就在 20 元左右。

小草公司的再融资工作正在有条不紊地进行,就算是小草公司刚刚透露了一点要增发的意思,投资者对小草公司的这一举措那都是没有任何分歧地一边倒的支持。

也就是在这个时候,中国资本市场也来了一波小牛的行情,小草公司股价不用说那也是蹭蹭往上冒,定向增发的价格早就被二级市场的股价给远远地抛在了身后。

这个差距是什么,既不是年龄代沟也不是身高问题,那是白花花的银子。

【增持减持　高抛低吸】

就在 T 公司的投资者都在暗自庆幸还算是找对了靠山抱准了大腿的时候,T 公司却又给大家来了一个突然袭击,打你一个出其不意。

就在 T 公司公告要参与小草公司的增发不久,T 公司又马不停蹄地开始了在二级市场减持小草公司股票的行动,并且采取的是闪电战术,还没等大家回过神来,T 公司已经是近亿元巨资到了腰包。

你不是说爱我吗,为什么又说恨我?你不是要跟我在一起吗,为什么又要离开我?

你不是要增持股票吗,为什么还要减持?看似悖论,人家 T 公司的理由还很充分,你想反驳都找不到开口的理由,我减持了才有钱去参与小草公司的增发。

上帝的眼睛都绿了。原来如此,这不就是江湖上传说的“高抛低吸”吗?

T公司在心里拨拉的小算盘噼里啪啦地响,全地球人都能听见。

T公司公告的发行价格只有20元,而现在的股价已经到了35元了,一来一回那就是不菲的差价收益。其他投资者认购T公司增发的股票要保证有一定的盈利空间是合理的,毕竟人家还要承受锁定期的风险,要获得跟风险对应的收益那也天经地义。T公司倒简单了,没有什么担心更没什么风险,把增发的收益都给提前兑现了。

T公司的闪电战搞了一次好像还感觉不怎么过瘾,没过多久又减持了第二次,大有点将疯狂进行到底的意思。

2011年2月,小草公司公告其融资申请已经得到主管部门的批准,就等着窗口打开就可以顺利发行了。由于小草公司的发行价格定得合理并且二级市场股价也很给面子,所以小草公司的发行工作应该不存在任何问题,最大的悬念就是,最后哪几家幸运儿能够分得这块大蛋糕了。

无利不起早,有利挤破脑袋。

看着诱人的蛋糕就在眼前,谁也不想放弃去啃一口的机会,谁放弃谁是傻子。T公司当然也不例外,为了这块蛋糕T公司已经做了那么多的准备,甚至还为此背负了那么多的骂名。不过,就当T公司与大家一起要庆祝胜利的时候,一个忽略的小小的问题却死死卡住了T公司的脖子。

出来混总是要还的,搬了石头砸了自己的脚。

【不幸触雷　鸭子飞了】

根据相关规定,持有上市公司百分之五以上股份的股东,将其持有的该公司的股票在买入后六个月内卖出,或者在卖出后六个月内又买入,由此所得收益归该公司所有。该死的是,T公司不多不少恰恰就是这个持股5%以上的股东。T公司只剩下了两个选择:第一个,放弃增发,不吃蛋糕了;第二个,参与增发,蛋糕给别人吃。

两个选择实在是没有什么区别。

T公司小算盘一遍遍盘算,最后脑子里就想着怎么数钱了,忘了最根本的原则和规定。T公司本来想着是踩着步点来一次潇洒的无风险套利,结果是马失前蹄功亏一篑,用最经典的一句话来说,就是:煮熟的鸭子飞了。

鸭子飞了,还好蛋还在。

现在唯一能让T公司安慰的,就是曾经减持股票落袋为安的资金了。T公司也明白了,要想发家致富过上更好的生活,还是要遵纪守法啊。

给你一个教训。

第二十四回：惊心动魄

股票发行笑开颜，客户机构等收钱
不料好事成悲剧，因是高价被砸盘

上市公司发行股票募集资金充实自己的家底是好事情，保荐机构承销上市公司股票收取不菲的承销费是好事情，就是这两件美滋滋的两全其美的事情碰在一起却最终成为惊心动魄的悬疑剧。上市融资最后被腰斩了一半，本来想靠着这一单生意大赚一笔的证券公司最后却是花大半个家当买了一堆的股票。资本市场风险时时处处，作为上市公司和中介机构，谁也不希望成为创造不光彩历史的人，那就引以为戒。

——题记

幸福的人都是相同的，而不幸的人却各有各的不幸。

幸福的人幸福得理所应当，没人关注。不幸的人不幸得不同寻常，引人关注。

现行审核制度一直在改革，上市公司再融资变得越来越简单也越来越轻松，为什么到了我这里就那么不顺利？为什么别人都可以快马加鞭把想要的钱拿到手里装在兜里，而我却是没吃上羊肉还惹了一身膻？令U公司郁闷到极点的就是实在想不通这一点。

U公司再回头看看券商东元公司，突然觉得自己根本就没有悲伤和愤怒的理由，那个难兄难弟要比自己更加不幸。U公司只是想要拿到的钱没拿到而已，而东元公司作为一家证券公司却是不仅钱没拿到还搭进去不少。

【有好消息　做大项目】

在东元证券公司的年中总结大会上，投资银行部负责人朱总的发言带来了一个小小的高潮。朱总介绍说，东元公司刚刚拿到了U公司公开发行股票募集资金的大单，60多亿元的募集资金，上亿元的承销收入。对于东元公司这家一直混迹于券商中游的公司来讲，能够做成这样一个大项目，确实是出头的好机会。

朱总最后还不忘动员一番，我们东元公司发展的机遇就要来了，兄弟们要加把劲好好干，事情办成定不会忘了兄弟们。台下就差振臂齐呼：“大哥威武。”

有人会问，怎么这么好的机会就不偏不倚落到了东元公司头上呢，就算是天上掉馅饼地上也有好几万投行从业人员呢，怎么就砸着朱总了？

有时候事情就是那么巧，就跟拍电影似的。

朱总去美国进修学习，结果刚好与U公司的李强住同一个房间，在异地遇见老乡，那感情本来就挺亲近，后来一聊又都是在资本市场混的，那关系是越走越近乎了。

有一次在酒桌上，李强无意中说起U公司要进行再融资的计划，朱总一听来了精神，一拍大腿："我的妈呀，那太巧了，这项目就干脆给我们东元公司做呗。"

就凭咱们这关系，再加上中国酒桌上好办事的光荣传统，李强答应的也很爽快。就这样，馅饼按照预定轨道成功掉到了朱总的脑袋上。

根据计划，U公司计划公开发行10亿股股票，募集资金100亿元用于补充公司的资本金，发行价格为每股10元。

乖乖，这真还不是个小项目。

【一切顺利　埋下隐患】

一切顺利、一路顺风、一马平川……老祖宗文学造诣高超积攒了很多形容事情顺利的词汇，这里一股脑都拿出来形容U公司再融资的顺利也不觉得夸张。停牌、公告、制作材料、审核通过然后就是拿批文，U公司再融资需要走的程序一个都没有少，不过一个也没有耽搁，就像是多米诺骨牌，前一个已经倒下，下一个也必须立即倒下，不能有时间差。

事情有时候总是特别奇特，小兵跟诸位一起已经经历了很多次，这一次也不例外，太过顺利之后总会有麻烦出来闹事，并且一闹就是大事。就好像你开车在一条溜光大道上疾驰，不堵车也没有红绿灯那就一脚油门踩到底有多快开多快，这时候要是半路给你来一个土包或者一个水坑，那后果还是够受的。

上市公司公开发行股票很多问题都是程序上的，并没有那么复杂，但是有一个问题是必须要小心谨慎的，这就是溜光大道上的那个土包，如果处理的好可以轻松躲过继续前进，要是处理不好，弄不好就是车毁人亡。

什么东西这么厉害？股票公开发行的价格。

这个价格一定要确定合理，这样才能在保证公司利益最大化的情况下也能保证发行顺利成功。这本身也是一个博弈的过程。如果公开发行的股票价格太低,那么老股东的利益就会受损肯定就不乐意在股东大会决议上投赞成票。如果公开发行股票的价格太高,那也不会有哪个投资机构是傻子来找你做赔本的买卖。

博弈之后的结果就是一个市场上普遍可以接受的"惯例"。一般情况下,上市公司在确定发行价格时,都会考虑到整个二级市场以及公司股价走势的因素,在判断公司股价还有上涨空间的前提下,为投资者保留至少30%的盈利空间是比较保险的。

U公司就是因为这个保险系数没有考虑周全,日后给自己惹来了一个大大的麻烦。

【定价失误　进退维谷】

U公司在考虑综合因素之后将发行价格确定为10元钱,而当时公司的二级市场股票价格为11元钱。根据我们前面提到的惯例,这个价格定的的确有些冒险,不过U公司和东元公司有着自己的判断。

当时,中国整体经济走向非常向好,股票二级市场的走向应该也不会差,加上U公司对自己当年业绩也是信心满满,东元公司的研究机构经认真调研之后认为U公司的股价到公开发行的那个时点站到15元大关没有任何问题。

50%的富余,那还是很安全的。可是,人算不如天算。

2010年下半年的股票指数走势并没有想象中的那么乐观,大盘一直是在震荡中调整,当然U公司的股票价格也没有一个明显的增长,也是在那里随波逐流地上蹿下跳。

U公司把允许发行的批文攥在手里都攥出汗了,可是就是不敢行动。U公司二级市场的股价随时都有低于发行价格的可能,价格倒挂除非傻子出现不然必定是发行失败,现在发行风险实在太大了。

再等等吧。U公司想,等公司的年报出来如果给力或许能够给投资者以很大的信心,能够拉升一下公司的股价。

可是这一次,人算也没有算好。

U公司对于公司持续增长的年度经营业绩还是很满意的,可是没想到的是,同行业的其他上市公司的业绩更加让人满意,相比之下U公司倒是成了落后分子。这下子更坏了,U公司披露的年报不仅没有帮他拉股价一把,还使劲将U公司的股价继续往大坑里推。

【惊心动魄　被人砸盘】

危机重重,现在看来只靠U公司内在的潜质来化解已经希望不大了。U公司和东元公司都慌了神,得赶紧找援兵救驾,总不能让事情一直蔓延下去,股票还得发钱还得拿。

没办法,东元证券公司差不多连吃奶的劲头都用上了,动用了公司全部资源找来了一些投资机构和金融企业帮忙一起抗住U公司的股价,一定要让股价维持在发行价之上。

东元证券公司这帮兄弟扛着很辛苦,关键是还不知道能扛到什么时候,时间一久体力不济支撑不下去那可就一点希望都没有了。

时间就是生命,时间就是金钱,时间就是成功。U公司和东元证券公司一合计得趁热打铁赶紧实施发行计划,越早越好。

东元证券公司这帮兄弟还真是没白交,大家吐血坚持,还是成功将U公司的股价在认购基准日拉到了发行价格之上,10.8元。

以这个价格发行无疑就是刀尖上行走薄冰上跳舞,不过有总比没有强,至少还能够为认购者保留一些希望。并且,在东元证券公司的积极斡旋之下,也有多家公司表达了会积极认购的意愿。

人算不如天算,这一次人算再一次没有算对。

就在当日,中国资本市场最让人吃惊的一幕发生了。就在临收盘之际，一笔近千万股的大卖单将 U 公司的股价牢牢钉在了跌停板上，9.72 元。

够狠，够绝，彻底完蛋。

这一下，U 公司的发行彻底没有了希望。虽然每个人都提前做好了迎接最坏结果的心理准备，可是谁打心眼里都不愿意这样的结果真的会发生，并且发生的是如此坚决果断暗无天日。

【两败俱伤　惨淡收场】

9.72 元，这意味着什么？

很简单，意味着要不 U 公司的发行计划取消，要不就是东元证券公司拿出 100 亿真金白银包销了全部股票。这两个结果，不论是哪一个都会有一方绝对接受不了。不发行，U 公司的脸面往哪里搁，并且已经有一些计划早就做了安排急等着米下锅。发行，别开玩笑了，东元证券公司的全部家底还没有 100 亿呢，砸锅卖铁也买不起那么多股票啊。

就这么僵在那里也不是个办法，总得想个招解决一下。解铃还须系铃人，批文是监管机构给的，那批文监管机构能不能给修改一下？

监管机构也是第一次遇到这么极端的情况，尽管这都是发行人和保荐机构自己犯的错，自己袖手旁观也可以，不过看到双方那可怜兮兮的苦瓜脸，就破了一回例。

监管机构最终允许了一个折中方案，就是后来极度缩水的发行方案，按照原价格发行 3 亿股，募集资金 30 亿元。

东元证券公司还是不能闲着，赶紧找来了自己的大股东和大股东的远房亲戚来帮忙，作为投资者认购了 1 亿股，帮着东元证券公司分担了 10 亿元的支出，剩下的股票，没办法只能放在东元公司的自营账户里作为投资了。

大家都很想知道，那个损人不利己的“砸盘坏分子”到底是谁，猜测的思路和线索有很多,可是谁也不能给出一个明确的猜测的结果。

就算是知道了是谁又有什么用呢,你除了能用包销的股票去好好揍他一顿之外,还有别的选择吗?

第二十五回:竹篮打水

项目上马业绩红,万事俱备欠东风
横来绳索绊云志,竹篮打水一场空

一个企业是否持续经营甚至基业长青,除了企业自身的质地以及企业管理者的眼光和胸怀之外,还不能忽视的就是对于未知和不确定因素的判断和控制能力。当我们已经为一个项目做了充足的准备,已经“万事俱备只欠东风”,而最后苦等良久都没有等来东风而刮起北风的时候,我们再去感叹中国民营企业经营环境的复杂和恶劣已经没有任何意义,我们反思的只能是去尽量控制并避免这样的风险。

——题记

关于上市公司的故事，都是从一纸公告开始的。这个并不难理解，毕竟上市公司对外公布消息或者与投资者进行交流都是通过发布公告这个主要的途径，如果上市公司只是自己关起门来鼓捣一些事情而不让公众所知道，那么很多问题公众也就不可能知道，故事也就无从讲起了。

上市公司的故事一般情况下都是从欢天喜地的公告开始，V 公司的故事也不例外。

【项目扩张　重大利好】

V 公司于 2010 年 6 月发布了一则公告。

上市公司的公告一般都是惜字如金，这个公告再去掉一些废话之后的主要意思就是：公司决定在某地设立子公司从事钢铁的冶炼，该项目预计投资 3 亿元人民币。投资意向得到了当地政府的高度评价和认可，并且已经得到了当地政府部门的许可，待手续办理完备之后即可建设，预计半年之后即可投产。投产之后该子公司预计每年可为上市公司贡献利润 3000 万元左右，当然，这个利润额是比较保守的，并且还不包括当地政府为了欢迎我们而给予的一些优惠。

还是那样古老且经典的桥段，受如此利好消息的刺激，V 公司的股吧里自然是一片欢腾。这句话这么耳熟，好像已经说过好几次了。

投资者们不仅仅为 V 公司所做的每年增厚利润 3000 万元的预测而激动，更重要的是，大家都觉得 V 公司的预测的确是有些过于保守了。地球人都知道，V 公司要投资的地方那可是矿石资源丰富、交通网络发达，是一个发展钢铁产业的黄金区域，再加上当地政府政策上的大力支持，那别说 3000 万元净利润了，就算是再造一个 V 公司，也不是没有可能。

V 公司董事长秦总作为在这个行业已经摸爬滚打二十多年的老兵，当然更知道这个投资项目的价值和重要性。为了体现出 V 公司对这个项目的重视和信心，秦总在这个项目已经差不多板上钉钉的背景下还是又一次亲自拜访了当地政府的领导。

秦总得到的答复和交换的意见还是没有任何问题。当地政府领导不仅爽快答应了V公司在当地投资建厂的要求，甚至还当着秦总的面开了一个主管部门的联席会议，税务部门要给出最优惠的税收政策，发改委要特事特办能简化的手续一定要简化，环保消防等部门也要重视这个项目，在不违反原则的情况下能够保证项目尽快投产。

最后，会议在一片热烈的掌声中胜利结束。这是一次伟大的会议，这是一次胜利的会议，这是一次成果丰硕的会议，这是一次影响深远的会议。临别之时，当地领导还亲自送别，并且一遍一遍感谢秦总和V公司为当地的财政收入和居民就业作出了巨大的贡献。

这一刻，秦总感觉到企业在政府面前不一定就是孙子，有时候也可以当一回大爷。

得到当地政府如此重情重义的表态，秦总除了感动和兴奋之外还能做什么呢？秦总很高兴，这不仅仅是因为自己又为V公司开发了一个大的投资项目，还有一点私人因素就是秦总终于可以为自己的家乡做一些事情了。

秦总从当地的一个小小的业务员一步步走到今天，在自己取得成绩的时候总是想着能够机会为家乡做些贡献。V公司作为钢铁行业的龙头企业，而某地作为矿产资源非常丰富的一个地区，两家能够进行深入合作当然是再好不过了。

还有比这更好的结局吗？

【横生枝节　一拖再拖】

项目既然如此美好那时间就不容任何耽搁。V公司先是缴纳了土地出让金取得了土地使用权证，然后又是加班加点建设厂房取得了房屋所有权证，最后就是联系设备，安装调试……一切工作都是按照原计划有条不紊地进行，相关部门也算是履行了当初的承诺尽量配合。

时间过得真快，花钱的时候过得更快。

一晃到了年底，秦总的3亿元投资差不多已经投进去了一半，而时间也差不多半年过去了。

就当秦总和V公司上下都在甜蜜而又焦急地等待着项目投产收获果实的时候，一件事情的变化突然之间就改变了整个事情的基调和甜蜜的氛围。就好像一群长途跋涉的人正要为突出重围而好好庆祝一番的时候，突然之间前面来了一个大盖子把最终的出口堵了个严严实实。

V公司项目负责人将整套的项目立项材料报到当地发改委，结果意外就出现了，以前每次都是亲自接见热情无比的主任突然之间人间蒸发了。

找不到真尊，赶紧问问他的司机和秘书，什么开会啊生病啊出差啊，每次都有不同的理由，每次的理由都好像是电影剧本一样提前想好的。别管什么理由，反正人是死活见不到了，甚至连个人影也没有。

项目的审批也随着人的消失瞬间停滞，就好像不知道被哪里伸出来的一双手给狠狠地卡住了，动弹不得。半个月的时间又过去了，仍旧没有一个明确的答复，每次去催，办事人员都说正在开会讨论。

不管是出了什么事情，这苗头都是摆明了就是不愿意给你办了。

秦总只得再次出马，给政府一把手打电话寻求帮助，领导一个劲地解释说我们是一直在按照政策和规则办事，没有任何问题的，只是时间可能要长一些，只需要再耐心等待。

虽然领导说得挺好听，秦总还是觉得肯定是不知道哪里出了问题。不过又能怎样呢？他现在大笔的钱已经投出去了，真是骑虎难下，除了耐心等待已经没了其他的选择。

等，是要有时间限度的，这不仅仅是耐心的问题，也是钱的问题。

你政府能等得了可是我的厂房和设备等不了，我的银行贷款等不了，我的股东和投资者也等不了。政府可以风吹不着雨淋不着地慢慢开会慢慢研究，可是企业晚一天开工就要有几百万元的损失。

当又一个月过去仍旧没有立项审批的消息，秦总实在等不了了。

秦总给领导打电话，也就不再兜圈子，直接开门见山："我说领导，你们是不是有什么难处，有话你们还是直说吧，你老是这样拖着会把整个公司拖垮的。时间就是金钱懂不懂？"

领导当然懂这个道理，所以他也是很难为情："我说秦总啊，我真是有点不好意思说啊。"

鬼话，都到这步田地了还有什么不好意思说的。大火都已经烧到被窝里了，你赶紧往外跑还会考虑自己有没有穿好裤子吗？

【招商引祸　送神太难】

说吧。

就在规划的开发区的一个角落，有一家不仔细看都没人注意的小公司白羊公司，而正是这家微不足道的小公司成为这件事情的关键。

三年前，当地政府作为招商引资引入了白羊公司。白羊公司承诺为当地带来5000万元的投资以及无限地追加投资，作为交换，白羊公司给政府提出了一个苛刻的条件，那就是十年之内政府不能再引入同行业的其他项目。我是很认真的，口说无凭立字为证，政府为此还专门做了一个说明。

令政府万万没有想到的是，因为招商心切没有仔细把关，以为引来了一只金凤凰，最后却发现是一只丑麻雀。

政府低价给白羊公司的大片土地，白羊公司只是象征性地用了几亩盖了几间厂房，剩下的土地都被企业抵押做了银行贷款，而当初承诺的5000万元投资也没有完全到位，就更别提那无限地追加投资了。

白羊公司的投资进行之后,目前的现状就是:黑烟囱天天疯狂地冒着黑烟惹得民愤极大,而烟囱里除了黑烟却死活看不到有银子冒出来搞得政府很无奈。

一看白羊公司已经彻底烂掉根本就没有扶上墙的机会,当地政府想亡羊补牢请来V公司。就在V公司和当地政府合作甚欢的亢奋状态下,政府忘记了曾经给白羊公司的承诺。

你忘了我可没忘。V公司要投资建厂的消息没有公布多久,白羊公司就开始申诉了,不是说好的十年之内政府不能再引入同行业的其他项目吗,政府怎么能够言而无信?

政府领导也是一肚子的火,你们白羊公司的投资到位了吗?白羊公司解释说我们目前资金紧张但是很快就会到位的,但是你们政府也要履行承诺,要做有诚信的政府。

有诚信政府才会有和谐社会。看着办吧。

一看硬的不行政府就想来软的,跟白羊公司商量给公司一些好处然后双方曾经的承诺都一笔勾销如何?白羊公司就好像不知道哪根筋不对似的,还就是咸淡不吃软硬不进。

在和谐社会的压力下,政府还真是没办法了。就这样,当地政府为了曾经的一个有点愚蠢的承诺只能是忍受着黑烟囱的污染而不能享受聚宝盆带来的收益。

政府很痛苦,难道V公司就好受吗?项目来得快去得也快,并且去的是莫名其妙无影无踪,怎么跟投资者交代?

希望能有缓和的余地,秦总还在努力……

第二十六回:桃代李僵

退市风险莫慌张,保壳运动大家忙
自身本领难相助,还有桃木代李僵

每到岁末,资本市场有两件大事从未缺席也从来都少不了热闹,一个是分红;另一个是保壳。关于上市公司保壳的故事每年我们都会听到很多,一个比一个精彩,而今天与大家分享的或许只是最普通的那个。退市制度的完善我们一直在努力,至于最终实现的效果还需要实践检验,不过有一点我们应该可以坚信:退市制度应是资本市场健康发展的基础和源头,有了完善的退市制度才不会再有保壳的传说。

——题记

快过年了，最开心的是孩子，因为可以得到很多礼物；最伤心的是财务总监，因为有很多数字会搞得你七荤八素，这还不算全部，如果财务总监命不好，还有可能要面对无数挑战甚至去创造传奇。

【保壳大计　提前规划】

W 公司的财务总监应该就是属于运气不好的那位，在一家上市公司任职，每到年底都要挑灯夜战加班加点。你可能说到了年底谁能不忙，只要工资多涨点奖金多发点也就值了，这话没错，如果这位财务总监能够实现那样的目标也就不说他命不好了。

年底的某一天，W 公司的财务总监有些鬼鬼祟祟地跑进董事长尤总的办公室，在尤总的耳朵根子上嘀咕了半天。

嘀咕完了之后，尤总脸色大变非常吃惊："怎么会这个样子呢，你不会是算错了吧？"

面对董事长的质疑，财务总监没有任何的委屈，只是拍着胸脯信誓旦旦地说："肯定是没有错，我都算了好几遍了，再者说了，就咱们公司这点家底，我掰着脚趾头都能算明白了。"

委屈？都委屈那么多年了，早就习惯了。

尤总也急了，总觉得这财务部门就是干不了什么大事："不是年初我们就把这个事情作为公司最大的战略来抓吗，怎么还是没有什么利润呢？"

财务总监摇摇头："不管怎么努力效果都不是很大，人家都知道咱们公司产品是什么货色，就算是费劲口舌订单也签不下来。"

尤总说："你们财务部门就没什么办法了？"

财务总监也不含糊："你们自己想办法，我辞职。"

尤总还真怕财务总监辞职，W 公司这个烂摊子一直烂在那里那么多年，那点家底倒来倒去都是财务总监在那里张罗，如果财务总监辞职了，

估计 W 公司也就离死不远了。

尤总屈服了，说："你再跟我仔细说一遍，现在窟窿有多大？"

财务总监说："今年截止到 11 月份是累计亏损 900 多万元，全年差不多就是 1000 万元。"

等财务总监从办公室走出去，尤总一下子靠在椅子上，自己对自己说："公司年度战略又要失败，得赶紧想办法解决。"

财务总监从尤总办公室走出来，用那肿胀的眼睛对着满天星辰，欲哭无泪：年年岁岁花相似，岁岁年年没不同。

公司年度战略又危险了，今年又过不了好年了。我的命怎么就这么苦啊。

W 公司的命也好不到哪里去。诸位要问，什么是 W 公司的年度战略规划，说出来丢人，那就是保壳。

对于某些濒临死亡的上市公司来说，一年之计在于保壳，百年之际在于长生不老。

【保壳计穷　无计再施】

作为一家老牌的上市公司，W 公司最近几年在江湖上那可是赫赫有名，每年都会有影视明星做梦都想得到的超高的曝光率，不过悲催的是，都不是什么好事情。

在 20 世纪 90 年代，W 公司可是作为当地的龙头企业被前呼后拥登陆资本市场的，并且凭借发行上市募集来的一些资金，公司引入了人才和扩大了规模，也经历了几年的快速成长期。

可是好景不长，新世纪的到来好像带给 W 公司的全部是坏运气。也就是一转眼的光景，这个行业冒出来一大批技术更加先进、管理更加科学、产品更加优良的新设立的企业。在这些年轻人面前，W 公司更像是一个已经耗尽精力步入晚年的老人，老人要和青壮年进行竞争激烈

残酷的比赛，结果也就可想而知。

慢慢地，W 公司的订单越来越少，技术人才也越来越少；技术人才越来越少，产品就越来越差，订单也就越来越少。这个恶性循环没有循环多长时间，W 公司就扛不住了，因为持续亏损而被戴上了 ST 的帽子，又过一年因为仍未改观就又加上了星号作为屈辱的勋章。

如此发展下去，再过不了多久 W 公司也就一命呜呼退市了。不过，回光返照的力量超乎想象，每到 W 公司濒临退市的紧要关头，公司领导总是能够找到一笔外钱来赶紧保证这一年能够盈利，因为哪位领导也不想 W 公司的上市资格毁在自己的手里，从而成为历史的罪人。

所谓瘦死的骆驼比马大，W 公司虽然业务已经不行了，可是这么多年来积攒的家底还是很殷实的。ST 的大帽子在 W 公司的头上戴了又摘摘了又戴如同变戏法一般让人眼花缭乱，而 W 公司为了变这个魔术不是今年卖一块地就是明年卖几台设备。

可是，不管是什么样的家底，都经不起"坐吃山空"只出不进的折腾，败家子总有败完的那一天。

击鼓传花，倒霉蛋砸到了尤总的脑袋上。到了尤总这一届领导，W 公司已经到了该卖的都卖了不该卖的绝对不能卖的地步。

尤总刚一上任，还是对 W 公司抱有希望的，动员大会做了一次又一次，就是想争取这一次不用靠着砸锅卖铁而是靠销售产品来扬眉吐气地摘下这顶帽子。可是，人年纪大了不得不服老，W 公司已经病入膏肓回天乏力，今年时间已经过去了 11 个月，全体员工拼死拼活干了 11 个月，结果还是亏了一千万元。如果今年不能实现盈利，W 公司明年就得退市了，别人做不了这个历史罪人，尤总心想那我也肯定不能替前面那帮人背黑锅。

【股东帮忙　政策阻止】

已经伺候了三届领导的财务总监早就是 W 公司的老人了，他对公司摘星脱帽的问题就跟过年要吃饺子一样已经再熟悉不过了。他偷偷给尤总建议要不把公司最后那几台设备也给卖了算了，反正咱这个公司我看是没有任何希望了。

尤总死活也不同意，他还是觉得明年还要靠着这最后的家底拼搏一把，不能就破罐子破摔了。

那眼前这不得不救的急怎么办呢？换句话说，至少得先找到一千万元把今年亏损的窟窿给补齐了，先保住 W 公司的上市资格才有机会谈以后的打算。

怎么办呢，尤总一下子就想到了 W 公司的控股股东，在这个节骨眼上不会有活雷锋给自己雪中送炭的，还是找找自己的娘家人是最靠谱的。

娘家人就是娘家人，关键时刻就是靠得住，控股股东一听还是爽快地答应了。

控股股东愿意拔刀相助那是有理由的：一来，W 公司退市了对自己也没有什么好处，在那里硬撑着不管怎么样这个壳都不知道要值多少个一千万呢。二来，自从尤总上任就是呕心沥血为公司着想，去年亏损了三千万这不今年就只是亏损了一千万，说不定明年就能盈利了，就冲这个也要给尤总一个机会的。

因为时间紧迫，控股股东尽管也并不宽裕但还是在尽量短的时间里勒紧裤腰带给尤总和 W 公司凑足了 1200 万元的资金。可是，就当控股股东准备往 W 公司的账户上打钱的时候，尤总接到了财务总监的紧急电话，说做审计的朋友告诉他会计政策有变化。

会计政策有很多，每年的变化也有很多，可是这个会计政策变化恰好跟你直接有关系的概率并不高，很遗憾的是，这一次尤总和 W 公司又不幸中招了。

根据变化之后的政策,控股股东给上市公司的钱不能算作公司的净利润了而应该进入资本公积科目,这个规定的目的那也是司马昭之心,谁让上市公司动不动就打大股东的主意呢?

【政府出面 化险为夷】

上有政策下有对策,这样的政策限制肯定是防得了君子防不了小人,更防不住聪明的小人。既然控股股东进来的钱不能算利润,那我找个你查不出关系的第三方把钱打进来不行?

这个招还不错,可是W公司的审计机构有些不乐意,那个第三方为什么无缘无故要给你做这个冤大头和活雷锋?投资者不能相信,交易所也不一定能相信,千万别最后弄得适得其反,给你扣个财务欺诈的罪过那可真是永世不得翻身了。

也有道理,风险太大。正当尤总一筹莫展的时候,当地的政府主动找上门来了。

娘家人搞不定不是还有保姆吗,上市公司的待遇就是好。

尽管W公司现在已经不能为政府带来多少利税了,可是上市公司的金字招牌还在,就这个壳子那也是政府领导眼中的宝贝疙瘩呢,怎么能眼睁睁地看着说没就没了呢?

政府领导上来先批评了尤总:“你的企业又不是你一个人的事情,那是我们整个地区人民的事情,现在一个地区有个上市公司你知道有多难吗,就因为你们这个公司我在市里开会腰杆都直。”

政府领导最后给出了一个方案,W公司把从控股股东那里化缘而来的资金由控股股东通过投资项目放到政府那里,最后由政府以项目补助的名义再给W公司。

政府有时候效率还是很高的,关键要分是什么事情,这个事情对政府有没有好处。

没过几天,地方的科技局和财政局都拿着一份联合颁布的项目奖励政策找到了尤总,说:“这是我们找到的一个奖励政策,正好可以给W公司1200万元的政府补助,这钱是政府给的,谁也说不出什么来了吧。”

尤总心眼比较实在,还是有些顾虑:“那你把钱给了我们,别的企业不会有意见吗?其实有很多企业实现的产值、上缴的利税和解决的就业都比我们多很多呢。”

政府人员笑了笑:“他们不是上市公司吗,我们政府的政策就是只奖励给上市公司。”

就在当年离元旦还有三天的时候,政府补助的资金及时到账,W公司的财务报表顺理成章也由亏损近千万而变为盈利300多万元,尽管盈利并不多,但是这实现扭亏为盈的新闻还是令很多投资者好一阵高兴。

你还别说,W公司的股价这几天也有了好的反应,一直半死不活的股价这两天就好像焕发了第二春似地涨个不停。

我们很多的投资者看报表就看企业今年有没有挣钱挣了多少钱,有几个人会真正关注这钱是怎么来的?W公司既然已经扭亏为盈那就说明企业已经步上正轨,以后的发展前景也就更加值得期待。

而谁又能知道,其实这就是一个谎言,一个美丽的谎言,一个天大的谎言。这个谎言只是帮助W公司再一次保住了上市资格的外壳,这个谎言给W公司带来了什么,给尤总和他的员工带来了什么,又给广大的投资者带来了什么呢?

第二十七回：弄巧成拙

职务高升本是喜，不料惹上烦恼火
精明算计不关己，岂知巧妙是为拙

内幕交易是资本市场的毒瘤，它侵蚀资本市场发展的诚信基石并阻碍进步。监管机构从未放松对内幕交易的高压态度，一旦发现绝对严肃查处绝不姑息。作为资本市场的参与者，每天都会面临着内幕交易巨大利益的诱惑，同时又有着进行内幕交易的便利条件，这两个条件合并在一起就导致这个群体成为内幕交易的重灾区，而其中证券从业人员尤甚。对于内幕交易，我们不仅要有敬而远之不能越雷池半步的态度，更不能存在做一次两次没事或者我自己不做自己就没事的侥幸心理。大祸临头，后悔晚矣。

——题记

许太太最近既很高兴又有些小烦恼。

高兴的是自己的老公许总前段时间成功高升，成为某证券公司投资银行部门的副总，可烦恼的是，从此之后老是有自己的亲戚或朋友向自己打听有没有内部消息可以让大家炒股挣点钱。

许太太知道这些东西肯定是不能说的，老公每天除了一日三餐之外的规定项目就是辅导教育内幕交易的严重性，可是不能当儿戏。

说不定哪天你正在跟朋友喝茶，突然一个电话邀请你去参加一个会议，从此就是有去无回。

说不定哪天你正在好好上班，突然就冒出一帮人跑到你的座位上把你的电脑抱走，然后再过些日子你也就从这个圈子里彻底消失了。

说不定哪天你正在等待航班，突然安检人员就把你带到了一个神神秘秘的地方，然后很可能就是调查、审判、坐牢……

内幕交易是挺可怕，可是一直封着口不说吧，许太太又不好向自己的那些好姐妹交代，让人家感觉自己发达了不再愿意答理别人似的。许太太是出了名的热心人，如果朋友有什么困难自己总是第一时间跳出来要帮助大家，尽管觉得朋友的无理要求自己不帮也没有什么可自责的，可是心里总不是滋味。

没过多久，许太太觉得终于找到一个机会，一个两全其美的办法。这一次，她保证可以在不牵连自己老公的情况下，也能够帮自己的朋友一把。

【内幕消息　无意听到】

许总是个很自律的人，为了避嫌，一些比较重要和敏感的会议都是在会议室里封闭进行，不给消息轻易泄露的机会。不过这次有些不同，最近这个项目实在是周期太紧张了，公司董事长时不时地半夜都会打电话过来商量一些细节上的问题，许总也只能是半夜从被窝里爬起来通过电话跟大家交代一番。

原则是原则，特例是特例，一切以服务客户为准则。

许太太觉得很奇怪，这有什么天大的事情不能白天说，非得半夜里折腾的全家人睡不好觉。许太太借着给老公送咖啡的机会，跑到客厅里想看看老公到底在忙什么大项目。刚推开客厅的门，就听见老公跟对方在那里争吵方案的合理性问题。

许太太是学有机化学出身，对碳元素和氢元素更加熟悉，现在环境分析师的工作跟金融业也是八竿子找不到一点关系，可是凭借这么多年"没吃过猪肉也见过猪跑"的耳濡目染，许太太慢慢也能猜到老公正在做的应该是一个重大资产重组的项目。

对于一个整天跟水分子和添加剂搅和在一起的人来说，许太太能够做出上面的判断已经很不容易，对于其他的内容仍旧听得是一头雾水不知所云。可是，令许太太比较奇怪的是，有几个公司的名字总是被老公在那里翻来覆去地提及，就好像不提这几个公司的名字这个事情就没法说下去一样。

许总看见老婆走过来，觉得是自己半夜的电话打扰了别人的休息，于是向许太太点点头表示歉意同时用手指了指自己的电话，意思是我现在事情还没有办完你先回去赶紧睡吧。

许太太回到卧室，却睡不着了。

她突然想起来了自己身上的使命，那就是要给自己的朋友带来挣钱的消息。许太太虽然分不清楚这几个公司到底有什么门道在里面，但肯定有着千丝万缕的联系。上网查查吧，她把听到的每一个公司的名字都在网上搜索一下，结果发现X公司是一家上市公司。

许太太有点明白了，尽管其他公司之间的关系还没怎么弄清楚，可是这个重大资产重组的项目肯定是与这个X公司有关。

那X公司的股价是不是会涨？许太太在心里自己问自己。

许太太是个外行，对于股价是否能涨的纯技术性问题没有什么把握，可是那种上市公司一跟重组沾上边股价就一个劲飙升的传奇故事听多了，她顺势就把X公司也归到了这一类里面。

许太太准备把这个消息告诉自己的好朋友，省得他们老是在自己的耳朵边上嗡嗡地吵，可是她又担心这样是不是也算内幕交易要牵连到自己的老公。后来许太太仔细琢磨了一下，就释然了，这算哪门子内幕交易呢，又没有人告诉我消息，我是在大马路上听来的这个消息，还不一定准确呢，这跟我和我老公可没什么关系。

没关系，保证。

【消息泄露　潜在危机】

许太太想到这里心里是彻底踏实了，第二天一大早就迫不及待地转着圈给自己的朋友打电话告诉这个消息，每个电话之后都要慎重地提示一下风险：这个消息我也就是随便听来的，你们就算作参考就行，要是赔了钱可不能怪我。

大家都满口答应，可是他们都相信那是许太太的客气话，这个消息那就是赚钱的法宝。如果就是一帮小散户小打小闹地随便玩玩那也就罢了，反正不论赚钱还是亏钱都不会有多大的动静，也就不会引起下面那么大的风波了。

事情的不幸往往就在转折上。非常不幸的是，许太太的朋友或者说是朋友的朋友中间还有隐藏的牛人。

许太太的朋友有一个表妹，今年大学毕业刚好找了一个在证券公司任研究员的男朋友，这消息转来转去传来传去就传到了这个研究员的耳朵里。这样的消息跑到研究院耳朵里立马敏感起来，无巧不成书的是，这个研究员刚好还曾经调研过X公司。

破公司，这是研究员好多年前就送给X公司的爱称。X公司的经营业绩一年不如一年,研究员每去调研一次也就伤心一次,实在是没有什么好的题材可炒作了,也实在是没有推荐这只股票的理由了。

正当这位老兄心灰意懒甚至绝望的时候,自己亲爱的女朋友竟带来了这样一个还魂丹般的消息。亲爱的,爱死你了。

研究员大体上确认这个消息还是靠谱之后,赶紧向自己的领导汇报,上面的领导一合计,决定重仓 X 公司。

效果那是杠杠的,第二天一开市,许太太的手机就差点被打爆了,因为 X 公司的股价直接封在了涨停板上。

许太太现在已经不是谁的老婆谁的妈妈了,许太太已经不是以前的许太太,现在一下子化身为股神了,有的要请吃饭,有的要送名包,就差回家买两个馒头一束香火供着了。

这也难怪,许太太这消息也太神奇了好不好?

X 公司连续三天都是强势的涨停,广大投资者热火朝天庆祝的同时也都是丈二摸不着头脑,不知道 X 公司这只好几年都半死不活的妖股怎么突然之间就如此坚挺了,就算是吃伟哥,疗效也没这么快。

许太太除了本职工作之外的人生第二价值得到了充分的实现和满足,心里那是美得不行。可是,许总那头就没有那么好的感觉和心情了。

【内幕交易　间接认定】

交易所打来电话,要求 X 公司强制性停牌,并且非常严肃地要求自查是不是存在内幕交易的情况。

许总和 X 公司都隐隐约约觉得很有可能是公司要进行重组的消息被人给泄露了,不然这件事情没那么蹊跷。这个人,会是谁呢?

X 公司首先在自己内部进行了一波严格的自我排查,把能够接触到这些消息的人员的电话、电脑、手机、QQ 等一切可能的作案工具和手段都通过技术人员进行了核查,一遍不行再来一遍,不过最后都证明是清白的。

不是企业的问题那就是中介机构的问题,结果查了一遍又一遍,也没有查出什么毛病。这就奇怪了,难道消息是自己跑到别人的耳朵里的,这种理由也只能去骗骗鬼。

纸里包不住火,事情还是有了突破。就在大家调出最近几天的股票交易资料时,许总突然之间觉得发现了些什么。他暂时没敢跟别人说,回家就对许太太一顿劈头盖脸地追问,许太太一看事情有点闹大的意思,不用严刑拷问就赶紧招认了。

许总听完之后觉得有些哭笑不得,最后想想还是决定主动向监管机构报告这个事情,毕竟自己并没有主动向别人透露过这些消息,应该也不构成什么罪过,老实承认就是了,大大方方的。

许总自己是觉得没什么事情,可是监管机构不这么认为,他们认为许总的行为已经构成了内幕交易的违规行为。

许总觉得很冤枉,难道我在客厅打电话也不行?

监管机构也有理由:你在客厅里约朋友明天开车自驾游我们管不着,可是在客厅里说一些敏感的信息,作为职业的投资银行从业人员就应该保持足够的职业谨慎和操守。

也有道理,谁让你是投资银行的从业人员,不仅要 24 小时营业还要守法经营。

念在许总没有主观的违法故意,监管机构也是网开一面通报批评一下就是,不过许总的职业形象要受影响了。

许太太也该郁闷了。

第二十八回：同室操戈

兄弟歃血共创业，功成意断变心结
往事成烟变追忆，同室操戈是何为

打江山易，守江山难；共苦创业易，同甘守业难，尤其是当触碰了集天使与魔鬼于一身的资本市场的时候。当我们都还清贫，我们的梦想都很纯洁决心也很坚定，兄弟之间可以为了美好前程而一起心无旁骛地努力奋斗。可惜的是，当我们已经前途辉煌必定要重新选择自己奋斗的路径的时候，兄弟手足和利益前程必定要进行一番殊死搏斗。谁胜谁败不重要，重要的是我们要明白，兄弟也有江湖。

——题记

做上市公司的董事长本来是一件很风光很拉风的事情，可是对于何总来说，董事长这个位子就好像是一个大火炉，不仅坐着不舒服，还烧得一屁股的燎泡。

【企业上市　兄弟变心】

自从 Y 公司上市之后，何总就越来越觉得跟自己一起打天下的几个小弟不是那么听话了，队伍有些不好带了，大哥说话有时候也不是那么好使了。

公司上市的时候大家说得好好的，等上市了大伙心气不能散还要跟着大哥好好干，争取为投资者带来丰厚的回报。重义气的何总为兄弟们的表态而感动，公司在设立董事会的时候自己也是毫无保留，让小弟全部进了董事会，自己作为控股股东也仅仅给自己留了一个名额。

曾经就有好朋友私下里提醒过何总，说："这样并不是太好，这样你是控制不了董事会的。"

何总很生气，说不能挑拨我们兄弟之间的情谊，不然朋友就没得做，就差把桌子砍去一角做一回孙将军了。

何总还说，这公司我的股份最多，权力最大还是董事长，就算是那帮小弟以后对我有了异心，料他们也折腾不到哪里去。

当局者已经如此表态，旁观者只好撤退回家喝茶去。

公司刚上市的那两年，何总的那帮兄弟还是履行了承诺，每人都是兢兢业业地把自己负责的业务做得有声有色，凡事在决策之前也会先请示一下何总，这让何总更加坚信自己的眼光没错，没有看错人。

可是，眼光是会变的，因为人是会变的。

蜜月期过去之后，何总慢慢感觉到有些地方不对劲了。几个手下不单单是业务发展没有了什么长进，业务接待费和会议费却是报销的越来越多，吃顿饭动不动就是好几万元，几百万元的对外投资大笔一挥也就批出去了。这还不是最可怕的，更让何总感到不安的是，他们做事情也不乐意跟自己商量了，几个人总喜欢围在一起嘀嘀咕咕商量什么大事却又故意瞒着何总。

财务总监以自己的职业判断觉得再这样发展下去迟早是要出问题的，决定冒死进谏，建议何总要把下面董事的签字权收回来，不能让他们再那样胡作非为了，公司公章之类的重要资料更要看住了，不能规定他们之间的任意一个人签字就可以动用。

何总这次没有再说朋友都做不成之类的话，但也没有对财务总监的建议给一个明确的答复，他内心还是存在侥幸心理，觉得那帮兄弟只是想多花点钱享受一下。何总想，那都是跟自己出生入死的兄弟，不就是报销的发票多了些，不就是有些事情决策上不够谨慎吗，他们做事有些地方不对但是我不能那么小气，更不能做过河拆桥的被人鄙视的勾当。

想什么不来什么，怕什么来什么，事情就这么传奇，人生就这么诡异。

何总想着应该不会出什么大事的，可是大事偏偏就发生了，并且是来得很快，出乎了何总的预料。

【新买厂房　无故被卖】

这一天，财务总监跑到何总的办公室里请示公司买来上新生产线的厂房什么时候办理过户手续。

何总一听，有些丈二摸不着头脑，过户手续买的时候不早就办好了吗，现在还要办什么？

财务总监解释说："不是我们买房子的过户，是我们卖房子的过户。"

何总一下子从椅子上蹿了起来，紧张地问："开什么玩笑，谁说我们要卖这个房子了？"

要是何总都摸不着头脑那财务总监就更加疑惑了，财务总监问："这件事情难道您真不知道，可是上面可也有您的签名？"

财务总监把买卖合同的复印件递给了何总，还补充了一句："人家买方催着我们办理过户手续呢，不然人家要向法院起诉我们了。"

何总打开合同一看，这合同签订的可是没一点含糊之处，公司董事会的决议、法定代表人的签字、公司的盖章那是很齐全的。

何总想了一遍又一遍确定以及肯定自己没有签过这份合同，再者说了这么大的一件事情自己也绝对不可能记错，既然这样，那肯定就是那帮小弟模仿自己的签字。

玩，越玩越大，这下子彻底玩大了。

【当面对质　彻底决裂】

何总忍无可忍也就无须再忍地彻底爆发了，对着财务总监吼："这个户我不过，这属于欺诈，我不知情呢，我们董事会没通过。"

财务总监对公司出现这种小弟欺瞒大哥的局面倒好像有着充足的心理准备，毕竟当时他早就提醒过何总。

财务总监说："我咨询过我们公司的法律顾问了，人家说这合同白纸黑字是有法律效力的，至于你说的那些情况是我们自己家里的事情，赖不着人家买房子的人。"

何总使劲拍了拍桌子，气得浑身哆嗦，骂了一句："这群白眼狼。我好不容易竞标买到的房子准备上产能的，他们这帮混蛋竟然给我卖了，他们还想不想做这个企业了？"

何总打电话把那帮小弟也就是董事会其他成员都找过来，他要当面问清楚是怎么回事。小弟倒也有理由解释，说他们认为公司现在不适合上产能，房子留着也是留着还不如趁着值钱先卖了。

何总拍拍自己的胸脯，好像胸腔马上就要爆炸似的，指着对面的小弟问："你知道我买这块地费了多少劲，花了多少钱吗？"

对面没有言语，不知是自认理亏还是觉得根本就没有争论的必要。

何总还想再说些什么，转念一想又咽回到肚子里了，道不同不相为谋，争论真的没有用了。

何总最后说："算了，卖了就卖了吧，你让他们赶紧把钱付了，让财务入账吧。"

财务总监的回答就像一把匕首深深插到何总即将爆炸的胸腔，一阵剧痛袭来。

财务总监说："对方说钱早就付清了，不然人家也不会催着要办理过户，可是财务部根本就没有见到一分卖房子的钱。"

这次没等何总问，对面的小弟主动交代："钱是付了，现在在我们几个人手里呢，就算是我们借公司的吧，财务部挂着账就是。"

狗屁兄弟情义，狗屁好心好报，狗屁誓言承诺。

公司发展到今天离不开你们的努力我承认，你们希望从公司拿点钱过上幸福的生活我同意，可是你们就这样明目张胆地忽略我在公司的位置卖房子卖地无法无天实在是是可忍孰不可忍。

何总骂他们无耻，他们倒是觉得无所谓，就好像他们得到这样的称呼是理所当然的一样。

何总决定在国庆长假之后召开董事会，要重新考虑一下人事安排。

【规则阴谋　扫地出门】

9 月 25 日，Y 公司董事会发出了十天后召开董事会的通知。何总也想趁着这个长假出去度个假，好好整理一下思路，思考一下下一步该怎么处理。

令何总万万没有想到的是，还没等何总思考出最好的解决方案，他就已经没有机会再思考了。

长假过后，何总回到国内，第一件事情就是想着筹备董事会的有关事宜，可他刚一踏进办公室，从天而降一个晴天霹雳就把他炸得不知道该何去何从。

何总已经不是董事长了,董事会早就开过了。

死,并不可怕,可怕的是,你不知道你是怎么死的。

原来法律规定,召开董事会要提前十天通知,可这十天也没说一定要十个工作日,结果何总那帮铁哥们就在10月5日的长假里悄悄地把董事会给开了,并且以过半数通过罢免了何总的董事长职务。何总进办公室那会,人家正在派人去工商局那里办理备案手续呢。

曾经的辉煌,曾经的梦想,甚至连曾经的侥幸,都不复存在,何总突然之间像是身体被掏空了一样随时都可能倒下。他仿佛用尽了生命中最后的力气才让自己好不容易坐下来,嘴里一个劲地念叨:阴谋,这绝对是一个阴谋,一个天大的阴谋,他们这是早就计算好了,挖了一个大大的坑等着我去跳呢,我也就是那么傻得去跳,那么相信他们。

何总很清楚自己即将面对的是怎样的结局,并且这个结局已经没有任何可以挽回的余地,他知道现在很多东西都已经改变不可能再回到当初,他下一步唯一要做的就是怎样给自己找一个体面的退出方式。

唯一找到当初印记的就是几个兄弟难得地又坐在了一起,只不过当初是兄弟齐心共谋创业大计,此时是同床异梦商量怎样分道扬镳。

其实,根本就没有什么可商量的,方案早就已经确定且不可更改,大家坐在一起无非就像是一部电影最后的结尾一般都要回忆一下最初的美好那样,留下一些回忆。

过了几天,何总在全体员工大会上宣布,由于身体原因不再担任公司董事长和承担管理职务,下半辈子的主题将从即日起正式更改为游山玩水以好好补偿自己奋斗的上半生。

离开的时候,何总还是忍不住回头望了一眼,他心里还是很希望那帮人能够有点良心,不要忘了当初的创业艰辛,不要太败家。走到门口,一直跟着自己的保安老王跟何总打招呼，何总顿时心里五味杂陈，他没敢像往常那样跟老王聊上几句，而是快步离开，他不想让任何人看见自己的泪水……

很多投资机构找到何总，劝他把公司的股权卖了跟着他们一起搞创业投资，失去了一家上市公司可以投资出十家上市公司来。

何总没有动心而是一一谢绝了，他真的累了。

关键是，魂已经没了。

第二十九回：金蝉脱壳

上市融资响当当，结果三年未开张
金蝉脱壳没商量，连拿再抢是流氓

跟资本市场打交道的人，心中都有一个美好的梦想甚至是信仰，那就是上市公司的稳定发展与投资者的持续回报能够完美结合，这也应该是一个成熟完善的资本市场的应有之义。我们资本市场的发展离完善还有很多问题，所以我们离梦想还有着遥远的距离，但是我们至少不应该放弃努力，对于上市公司来说是这样；对于企业家是这样；对于中介机构是如此，对于监管机构来说更是如此。

——题记

如果你含辛茹苦奋斗来的一样东西最后失去了，甚至是一干二净地失去了连一点念想都没有留下，你会不会很伤心很痛苦？那是肯定的，除非这个人是机器人。

可是，确实有人不伤心也不痛苦，他也不是机器人。

当Z公司终于完成了上市的历史使命，连最后的壳都没保住而被别人借去的时候，吕总的脸上没有丝毫悲伤的表情。按照常理来说，自己亲手创建的公司最后连个皮毛都不剩怎么看都是件很痛苦的事情，吕总难道是精神有些不正常？

精神不正常的还不止吕总一个人，再看投资者阵营的反应，那也是相当的不正常。对于Z公司被无情的卖身，投资者竟然没有一个人打个电话或者发个短信来安慰一下吕总，而是一致对外地骂吕总就是个大骗子！

眼睁睁地看着企业保不住了，到头来还被扣上了一个大骗子的高帽，是吕总的命运太悲催还是投资者的心肠太硬呢，要不就是还有别的难言之隐？

让我们再一次穿越时空界限回到八年之前，回到Z公司上市的那一刻，去探究吕总和他的Z公司到底都做了些什么，怎么就那么不招人待见呢？

【上市当年　就不挣钱】

2004年，Z公司成功上市。

Z公司作为某地区历史上的第一家上市公司，上市那会可是真正的集万千宠爱于一身。吕总不论走到哪里不论是什么原因都得是座上宾，就算是市长书记那也是要礼让三分，谁让人家是上市公司的老板，并且是本地第一家。当然，Z公司自己也是很争气，所处的行业是一个有着良好发展前景大有可为的行业，而Z公司的经营业绩也是芝麻开花节节高。

这样优秀的企业上市那是理所应当的，投资者也是给了很大的面子，

Z 公司的发行价格在当时那也是数一数二的高价,投资者也希望能够通过投资这家公司取得丰厚的回报。

如果不是做梦,这应该就是企业发展和投资者回报的完美结合。

遗憾的是,梦想和现实是有差距的,并且对于普通的投资者来讲,更为残酷的是,你的梦想越美好,现实就越残酷,就好像老天爷都要跟你作对似的。

梦想还没有美好多久,现实已经残酷驾到。

上市的第一年,Z 公司的审计报告就让人大跌眼镜,怎么样都看不懂。明明是一个刚刚上市并且募集三亿多资金的企业,明明行业内的企业都是业绩一片飘红,可为什么 Z 公司竟然会不挣钱呢,年底一算账仅仅是象征性地实现了几百万元的微利,单单募集资金的利息都是这个数的好几倍。

你企业不走寻常路,那总得给个理由吧,不过 Z 公司那是相当的矜持,自始至终也没有给出一个合理的解释。

投资者自然是不干了,控股股东和管理层的父母至亲自然不必说,就连姑婶叔舅甚至是八辈祖宗都被拿出来狂风暴雨地招呼了一遍。

不过又有什么用呢?你在这里骂的满头大汗眼冒金星,累了没有红牛喝饿了也没人管饭,人家那里还是优哉游哉地一如既往地不挣钱,你能奈我何?

【连续亏损　一亏三年】

投资者虽然痛恨不已却又无能为力,只能对着明月许愿,希望上帝赶紧派天兵天将来降伏了这个妖孽。

天兵天将是来不了的,不过,当 Z 公司第二年还是习惯性的不挣钱的时候,当地主管部门实在是也无法忍受了。你是我们当地第一家上市公司不假,我们应该给你们企业面子也有道理,可是你也不能这样明目张胆吧,你都脱了裤子准备在我的脸上拉屎了,我难道还要接过来当雪花膏抹在脸上,那我们主管部门的工作怎么做?

不好意思,我们要调查。违背规律的事情根本经不起按照规律的调查,最后调查出的结果倒也没有出乎大家的意料。

简单的路数,赤裸裸的挑衅,Z公司的钱都被公司的大股东吕总拿走了。Z公司的生产经营并没有出什么问题,可是出问题的是公司的财务管理制度和内部控制制度。Z公司的机器设备都是呼呼在飞转,项目是一个个上马一个个运营,订单那也是眼花缭乱地找上门来,可是收入转了几个圈之后死活都没有回到Z公司来。

Z公司就好像是一个冤大头,起早贪黑花钱费力地生产出产品并且销售出去,可是最后摘桃子品尝胜利果实的竟然并不是自己,而是另外一家公司,这家公司的背后大老板不用说大家也知道,那就是吕总。

抢劫了。这应该就是江湖上传说的资本市场的打劫行为吧,不过如此直白的倒也比较罕见,这必须要给广大投资者一个说得过去的交代。

来吧,让处罚来得更猛烈些吧。当地主管部门也没有含糊,给予吕总公开谴责的处罚,这也是主管部门能够拿得出手的最厉害的招数了。

有错就改,善莫大焉,阿弥陀佛。我们的投资者还是善良的并且是有梦想的,大家都期待着这下吕总应该老实了也改过自新了。可是令人痛恨不已的是,吕总不仅没有丝毫收敛的意思,竟然还变本加厉,再过一年,Z公司不仅没有盈利还直接就是赤裸裸的亏损。

你还真以为地球上就你一个明白人其他人脑子都短路了。既然这个公司那么的不靠谱,那我们投资者也不是好惹的,投资者也出了最后绝招——撤,老子不陪你玩了还不行吗?

赔钱也撤,割肉也撤,心痛也撤,蛋疼也撤。

投资者是不好惹的,又是善良的,也是爱做梦的。有人觉得Z公司十分不靠谱就走了,有人觉得Z公司还有希望也就来了,走的人骂骂咧咧,来的人嘟嘟囔囔，走的人骂这个企业不得好死赶紧破产，来的人希望这个企业赶紧好起来我好发财。

就这样一来一去，投资者是换了一茬又一茬，Z 公司的股价倒没有什么大的波动。吕总也一直没有闲着，一直还藏在被窝里玩着他一直玩的把戏。

地球人已经无法阻止 Z 公司的持续堕落，根本就没有任何人和任何理由可以阻止吕总要把 Z 公司掏空的坚定决心，最后 Z 公司也是义无反顾地主动戴上了 ST 的帽子。

这一下没有人会再相信 Z 公司会起死回生重现辉煌了，Z 公司的股价也确实跌去了大半，可是吕总一点都不着急，因为这一切都在吕总的掌控之中。

吕总已经在开始物色借壳的对象了。

【完美借壳　金蝉脱壳】

够狠，够绝，够经典。

吕总这哥们连最后的退路都想到了，怪不得一副任凭山崩地裂我自岿然不动的架势。什么无欲则刚有容乃大，只要有了退路，这人就淡定就有底气。

不可否认，吕总是一个良心坏了的人，吕总更是一个有着超强资本运作能力的人。一句话，吕总是一个有文化有能力的坏人。

吕总在资本市场上耍的手段那都是顶级的，上看下看左看右看，不论怎么看，Z 公司最后都被吕总折腾成了一个绝佳的借壳的对象。不大不小的股本，不高不低的股价，已经被掏得很干净的家底，Z 公司名副其实地成为一个空壳。

在 Z 公司被戴上帽子之前，就有人开始打借壳的主意，而现在这个计划就可以畅通无阻地实施了。

有需求就肯定有交易,这是最基本的市场规律,并且,好东西自有好身价。Z公司的借壳并没有费太多的周折,在很短的时间内就确定了方案。

当地政府和主管部门对Z公司和吕总那是相当的不满,可是又有什么办法呢?不允许Z公司资产重组广大投资者怎么办,Z公司带了这么一个影响很不好的头以后我们地区再有上市公司还怎么在圈里混呢?

不过话又说回来了,要是允许资产重组还真便宜了吕总。尽管吕总并没有告诉大家自己卖壳卖了多少钱(人家怎么会告诉我们呢),不过根据当时公开的市场价格,几个亿的真金白银入账那应该是没有问题的。

吕总就好像是一个进了赌场的玩家和抢劫犯,在中国资本市场转了一圈,最后赚了个盆满钵满口袋鼓鼓。这样的故事多了之后就给了很多人一个错觉:就好像中国资本市场遍地黄金,只要你有足够手段又足够无耻,那就有可能轻易发财致富。

错觉,这绝对是错觉,诸位一定要保持清醒,用自己勤劳的双手创造我们美好的明天才是符合社会主义发展要求的。

Z公司移情别恋转投别人怀抱已经不可避免,当地政府最后做了他们唯一还能够做的,那就是要求Z公司借壳之后注册地和业务不能转移税必须还得交到我这里来。

这个面子还是要给的,吕总自己也知道做了很多亏心事,如果真要是把人都得罪了,还真怕哪天好几辆大卡车逼着自己出了车祸,或者是在酒店吃饭的时候误食了老鼠药。

不过,吕总玩的这一出戏,已经足够漂亮。

也够无耻。

第三十回：暗箭明枪

资本江湖也是非，暗箭明枪亦难防
人情账本皆过往，混到尽头都要还

我们一直承认资本市场就是一个江湖，那么在这个圈子里混也要谨记江湖的老规矩：出来混迟早是要还的。另外，通过这个故事或许还可以反思一个别的问题，那就是行政和司法如何在市场经济运行过程中既不缺位又不越位？有些事情一定要管，有些事情一定不能管，这些大是大非或许我们还好分辨，那么有些可管可不管的事情呢？

——题记

当警车穿过花园小区的门口时，施总知道这跟自己没有什么关系；当警车停到自己楼下的时候，施总仍然相信这跟自己不会有什么瓜葛；当警察在敲自己家房门的时候，施总还坚定地认为肯定是他们敲错门了。

可是，施总对自己的超级自信并不能改变眼前的现实，警察已经读完全部需要提示的内容，施总的脑子里仍旧是一片空白。当警察问施总还有什么需要准备的时候，施总竟然没有任何反应。

就这样，施总被警察带走了。

施总被人举报是职务侵占罪，如果查证属实的话可能要坐牢。当这个事实在施总的脑子里一遍遍重复并最终变得清晰而确定的时候，施总吓了一跳，自己一直遵纪守法经营企业，怎么就犯了法还有可能成为阶下囚？

这个事情的来龙去脉依旧需要把时间倒拨回去才能回忆清楚，那也要从五年前说起了。

【老大犯事　让位小弟】

黄河公司是一家上市公司，长江公司是黄河公司的控股子公司，长江公司剩余的股权由长江公司的管理层持有，张文是黄河公司这家上市公司的实际控制人。

这个股权结构一点都不复杂，在上市公司里面算是不能再简单的了。事情本来也是很简单，就是因为张文经历的一个变故使得本来清晰的问题错生枝节变得复杂起来。

人生的剧本本来是写好的，就因为一个小的变故让整个故事只能重新发展。世事无常不就是这样吗？

2004 年的时候，张文因为侵占公司资产和内幕交易被交易所公开谴责，这一下子事情麻烦了，根据有关规定，这样张文是不能再担任黄河公司和长江公司的董事长和总经理了，那可怎么办？

显然,张文需要找一个人来代替自己履行上市公司高管的相关职责。老大的位子一般人可干不了,要找的替代者至少要符合以下几个条件:其一,对公司的情况足够了解,不能上来两眼一抹黑从实习生做起;其二,有一定的威望能够服众,别这边一上位后面跟着一大群人不服,然后是拿着西瓜刀互砍要夺权;其三,比较明白张文的心思,不能上来直接把公司带沟里去了。当然,最重要的一点是,这个人要对公司忠诚,张文把这个位子交给他能够睡好觉。

无数影视作品的经验告诉我们,选择接班人的过程是纠结的也是惊险的,思前想后左右权衡,张文最后想到了施总。施总跟着张文一起创业,对公司情况那是相当熟悉;两兄弟在一起经历了多少风雨和变故都不离不弃,可见施总忠心可嘉值得信任;施总也是公司的元老级人物,董事长的职位交给施总,公司其他对此有想法的人应该也没有什么意见。

这样看来,施总是一个接近完美的不二人选。施总在张文的安排下成为黄河公司的董事长并兼任长江公司的董事长和总经理,并且为了奖励施总的牺牲和贡献,张文还把长江公司的一部分股权转让给了施总。

到此为止,一切的处理都是如此得顺理成章有情有义,令谁都没有想到的是,问题的导火索竟然出在一件本来值得大家都高兴的事情上。

有时候事情真的就是那么不可思议,乐极生悲甜中生苦的感觉有时候也是那么真切。

【好景不长　兄弟变心】

2007 年,长江公司一直研发的一项技术终于研制成功,而这项填补国内空白的技术一推出就受到了市场的强烈回应,长江公司未来的快速发展不仅是可以预期甚至是有点不可阻挡的意味。

长江公司技术研发成功,施总的功劳自然是不可忽视的,张文为此还亲自跑到施总的面前来祝贺施总,并且说了大哥一定不会亏待小弟之类的话。施总也是全部笑纳，并且说兄弟齐心其利断金，请大哥一定放心，小弟一定不让大哥失望。

可是，好景不长，气氛慢慢地就变得不再那么融洽了。随着长江公司的业绩越来越好，施总自己的底气越来越足也是慢慢有些小膨胀了，而张文也已经感觉到，这个小弟不好带了，有时候老大说话也不是那么好使了。

施总建立了以自己为核心的管理团队，并且管理团队的工资是一个劲地往上涨。

张文说，你这样不好，别人会说闲话的。施总倒是不以为然，说我这些兄弟为了长江公司那都是出生入死，现在公司发展好了大家一起享受一下那也是应该的。

张文说，现在上市公司黄河公司产业不好日子不好过，你们长江公司什么时候分点红吧，这样上市公司有钱了对投资者也有个交代。施总同样不买账，分红不分红还不是一样吗，反正都是公司的钱。

张文心里还有一个小算盘，有一次酸溜溜地说，你看长江公司现在势头这么好，以前我转给你的那部分股权现在应该值不少钱了吧？施总哈哈一笑，说这都是大哥照顾小弟了，然后就没了下文，把老大晾在哪里自己跟几个小弟喝酒狂欢去了。

这一来一回几次交手，让张文的心里很是不爽。岂有此理，我老大在这里卧薪尝胆苦不堪言，你小子倒是在那里锦衣玉食享尽荣华富贵。最最关键的是，现在我说话还不好使了。

导火索就这样一直燃烧着，并且是越烧越旺，等烧到一定时候，这炸弹终于还是要爆炸了。

爆炸当然还需要一个更大的引子。

【老大反击　防不胜防】

2009 年,长江公司董事会做出决议,决定根据公司章程的相关规定对管理团队执行奖金分配计划,合计金额在 500 万元左右。

这让张文根本无法接受,找到施总要理论一番。施总说这个决定是经过董事会批准的并且符合公司章程的有关规定,没有任何问题;并且长江公司挣了钱然后给大家分奖金那也是长江公司自己的事情,长江公司完全可以自主决定。

反了,要造反了,老大几天不在位,江山就要变了天。

让你给公司分红你不分,结果是背地里给大家发奖金,现在你根本就不把你大哥放在眼里。张文最后发了狠话,说你不要做得太过分,不然我完全可以把你的股权收回来,并且把你的董事长和总经理也收回来。施总倒很淡定,说:"张文,只要履行了合规的程序和手续,任何决定我都可以接受。"

出招,必须地出招了!要是再不出招,我这老大肯定是干不下去了。

这一招,一定要够狠,够绝!这一招,一定要将施总置于死地不要让对方有任何还手的机会,要不然,不仅自己打不死别人反而可能会被别人一巴掌拍死,毕竟现在对手的实力比自己还强。

最后,张文想的这一招还真是够绝够狠。张文的灵感出自何方高人指点已经无从考证,不过这招一出立即引起了轩然大波,甚至是法律界的广泛大讨论。

职务侵占罪,这是张文向公安机关举报施总的罪状。要理由,那也是有的,就是施总利用职务之便在程序不合规的情况私自将公司的钱以奖金的名义发给了自己和自己的团队,属于非法侵占了公司的资产和利益。

【职务侵占　是非难辨】

公安机关是不是张文的亲戚我不知道，反正公安机关是立案了；不管你相不相信这事情是真的，反正检察机关相信了，并且以此作为理由向法院提起了公诉；这件事情是典型的公说公有理婆说婆有理，但就是在这公婆混战中法院还公开审理了。

施总说你这是公报私仇，家属那也是一把鼻涕一把泪地诉说着自己的冤屈。张文说你这是咎由自取，你的犯罪是证据确凿。这还不算最热闹，要实现最热闹的效果自然少不了教授专家们的友情参与，这件事情也引起了法学界的一场大讨论。

法院浩浩荡荡地进行了公开审理，不过审来审去最后也没有给出一个明确的结论，法槌一敲择日继续审理，结果这再审的日期更是遥遥无期。

不过，对于张文来说，这一切都不重要了，重要的是施总已经被抓起来了，这已经足够了。

施总被抓起来了，那么施总的董事长就做不成了，这样张文就可以另换掌门人。施总被抓起来了，那么两个人谈条件的天平瞬间就倾斜了，张文要把施总可观的股权收回来的愿望也不再是泡影了。其实，施总在牢里蹲着对张文也没什么好处，把施总弄得太惨自己心里还是有些不好受的。

【事情解决　已无兄弟】

出来混，迟早是要还的。那一年《无间道》早就上映了，施总这一次是真真切切地明白了这个道理，毕竟自己也是在江湖里混。发的奖金肯定是要退回去了，就连自己曾经得到的那部分股权施总也不想再要了，就当自己做了个梦吧。

就这样,施总在监狱里签署了股权转让的协议,张文有些于心不忍,主动要给施总一些补偿,施总拒绝了。

施总说:“大哥,饶了我吧,你给的这个钱我花的时候都有心里阴影,还是算了吧。我以前从你那里拿的,我现在全部都还给你,我只求你一件事情——我想回家!”

张文说:“兄弟,大哥也想让你回家啊,可是这法律是严肃的,不是我想让你回就能让你回的,大哥没有办法也没有那个本事啊。不过,兄弟你放心,大哥保证替你说情,替你找关系,保证不让兄弟受委屈。”

或许是张文的好心感动了上苍,法院在关起门来鼓捣了一阵之后认为证据不足发回检察院补充调查,检察院发回公安机关补充调查。公安机关调查过来调查过去觉得证据越来越不足,最后就决定不再查下去了。

施总终于重见天日,他现在唯一的愿望就是再去看一眼自己曾经战斗过的地方,然后就离开这个是非之地,找个山野之处养猪去。

走,头也不回……

图书在版编目(CIP)数据

上市那些事:与公司上市和上市公司有关/投行小兵著.—北京:法律出版社,2013.1(2017.1重印)
ISBN 978-7-5118-4217-6

Ⅰ.①上… Ⅱ.①投… Ⅲ.①资本市场—世界—通俗读物 Ⅳ.①F831.5-49

中国版本图书馆CIP数据核字(2012)第258583号

上市那些事
——与公司上市和上市公司有关
投行小兵 著

编辑统筹 法律应用出版分社
策划编辑 薛 晗
责任编辑 薛 晗
装帧设计 元明设计工作室

出版 法律出版社
总发行 中国法律图书有限公司
经销 新华书店
印刷 固安华明印业有限公司
责任印制 胡晓雅

开本 720毫米×960毫米 1/16
印张 13.75
字数 159千
版本 2013年1月第1版
印次 2017年1月第3次印刷

法律出版社/北京市丰台区莲花池西里7号(100073)
网址/www.lawpress.com.cn
投稿邮箱/info@lawpress.com.cn
举报维权邮箱/jbwq@lawpress.com.cn
销售热线/010-63939792/9779
咨询电话/010-63939796

中国法律图书有限公司/北京市丰台区莲花池西里7号(100073)
全国各地中法图分、子公司销售电话:
统一销售客服/400-660-6393
第一法律书店/010-63939781/9782 西安分公司/029-85330678 重庆分公司/023-67453036
上海分公司/021-62071010/1636 深圳分公司/0755-83072995

书号:ISBN 978-7-5118-4217-6 **定价**:49.00元
(如有缺页或倒装,中国法律图书有限公司负责退换)

法律与商业联结的扛鼎之作　实践与前沿联系的集大成者

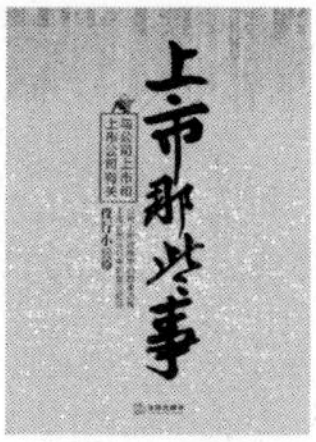

公司上市过程中的故事流传，上市公司运行中的警示经典

上市那些事——与公司上市和上市公司有关

投行小兵　著

定价:49 元　上市时间:2013 年 1 月

在资本市场这个“江湖”中，总是有一些广为流传的上市故事，或令人瞠目结舌，或匪夷所思。即使已经无法考证其真正来源，但却在市场的口口相传中越来越经典，越来越具有警示意义。本书即讲述了资本江湖中非常精彩的上市故事，语言诙谐幽默，相信可为广大资本市场从业者带来启示。

典型案例剖析　审核重点关注　权威上市指导

企业上市解决之道 3：案例提炼与审核关注

投行小兵　著

定价:108 元　上市时间:2013 年 6 月

本书是投行小兵企业上市解决之道系列的完美收官力作，与《企业上市解决之道》和《企业上市解决之道 2：案例延伸与对策分析》属于同一系列，但是与前两本书内容没有任何重合之处。本书是对前两本书进一步的延伸，从主体资格（出资、股权、改制问题）、特殊经营模式、财务会计和规范运行等几个方面，并根据目前中国证监会的最新政策，对于相关典型案例做了进一步的提炼和深入剖析，重点分析了审核部门关注重点及解决相关问题的思路和对策。

典型案例剖析　权威上市指导　解决思路延伸

企业上市解决之道 2：案例延伸与对策分析

投行小兵　著

定价:99 元　上市时间:2012 年 1 月

本书是作者再一次的全面洗涤和超越，再一次的深入思考和升华。案例更加丰富也更加有层次，评析更加深入也更加周全，思路更加明晰也更加具有指导意义，法规更加简练也更加有针对性。通过剖析企业或成功上市或被否决的原因，梳理了企业在上市过程中遇到的常见问题，为解决企业上市遇到的及审核部门关注的相关问题提供思路和对策。

典型案例剖析　权威上市指导

企业上市解决之道

投行小兵　著

定价:68 元　上市时间:2011 年 5 月

本书精心挑选极具代表性的百余家企业上市真实案例，剖析这些企业或成功上市或被否决的原因，梳理企业上市过程中遇到的常见问题，揭示产生问题的根源、审核部门关注的重点及解决相关问题的思路和对策。案例具体生动、论述浅显易懂，专业人士处理企业上市难题的借鉴宝典，非专业人士了解企业上市相关问题的实用指南。

剖析典型案例　梳理疑难问题　提供解决对策

走向资本市场：企业上市尽职调查与疑难问题剖析

张国峰　著

定价:128 元　上市时间:2013 年 10 月

本书通过对我国新股发行制度改革以来，成功上市企业与被否决企业的真实案例剖析，梳理了拟上市企业在上市过程中遇到的各种常见问题，并在此基础上对解决对策进行了讲解、汇合和分析，凸显尽职调查与信息披露问题的重要性！

公司并购全流程指引:决策策划、实务操作、流程控制

公司资本行动:并购策划与流程指引

张远堂　著

定价:78 元　上市时间:2012 年 9 月

本书力图于解决企业并购的决策策划、实务操作和流程控制中的重点、难点问题。从如何制订公司发展战略和如何选择目标市场开始,按照企业并购的业务程序,逐步进入企业并购的交易流程,就交易流程中的重点、难点问题,分别提出各类并购的风险和应对策略,书中援引真实案例,并且配有疑难问题讨论,着力于帮着读者提高企业并购实务操作能力,解决公司资本运作中的实际问题。

企业成功进行资本运作税法实务操作的必备工具

资本运作税法实务

张兰田　著

定价:58.00　上市时间:2010 年 7 月

本书是第一本由中国执业律师从实务角度就企业资本运作税法领域撰写的专著,具有开山之作的里程碑意义。全书以最新法律规定为基础进行实务研究论述,是对先行生效的相关税法的一次全面梳理和研究,内容充实具体,对第一线的实际法律工作具有很强的指导作用和参考意义!

梳理疑难问题　剖析典型案例　提供解决对策

最新 H 股香港上市实务与案例分析

申林平　主编

定价:68 元　上市时间:2013 年 5 月

本书针对境内企业香港上市这一主题,分别就境内企业香港上市过程中应关注的重点法律问题、中介机构的协调性、企业家普遍关注的公司估值等问题进行了深度阐释,并对近年来 H 股上市案例进行了细致分析,对境内企业香港上市具有较强实务指导价值。

全面总结、深度剖析企业上市典型案例第一书

企业上市典型案例深度剖析:疑难问题与解决对策

张国峰　编著

定价:98 元　上市时间:2010 年 4 月

首次对新股发行以来的百余个企业上市真实案例,进行全面总结和深度剖析,为拟上市企业、券商、律所等解决上市难题提供第一手参考资料!

企业投资并购重组全流程节税指南

资本之税:企业投资并购重组节税实务

张远堂　著

定价:58 元　上市时间:2013 年 5 月

在市场经济的环境下,公司的投资、并购和重组时有发生,律师或法律顾问在这个过程中承担着设计模式、路径和方法的重要职责,首先必须保证企业投资、并购、重组行为合法、可行、有利,但同时也应当考虑企业行为的成本,其中就包括税收成本。税收成本是企业发展必须考虑的一个重要因素,本书紧贴现代企业的发展实际,梳理了国家现行税法和税收政策中有关企业投资、并购、重组的规定,并结合大量企业节税操作真实案例,具有很强的实务操作性和可读性。